세계 최고의 문자, 훈민정음 자긍심 계승을 위한

# 훈민정음 해례본

## 경필쓰기

박재성 엮음
사단법인 훈민정음기념사업회 인증

훈민정음(주)

# 훈민정음 해례본 경필쓰기

2022년 3월 3일 인쇄
2022년 4월 1일 발행

엮 은 이 | 박재성
편집위원 | 김동연, 홍수연
자료제공 | 박영덕
디 자 인 | 김미혜
펴 낸 이 | 문선영
펴 낸 곳 | 훈민정음주식회사
　　　　　용인특례시 기흥구 강남동로 6, 401호(그랜드프라자)
보 급 처 | 사단법인 훈민정음기념사업회
출판등록 | 2020.9.24. 제2020-000102호
내용문의 | 070-8846-2324

ISBN : 979-11-971940-8-5

정가 : 23,000원

# 머리말

## 훈민정음은 대한국인에게 주신 영원한 최고의 선물

　사람은 글씨를 통해 마음을 표현하므로 글씨는 마음을 전달하는 수레라고 할 수 있습니다. 따라서 '마음이 바르면 글씨도 바르다[心正則筆正]'고 합니다. 오만 원권 지폐에서 우리에게 낯익은 신사임당이 만원권 지폐에서도 만날 수 있는 이율곡에게 전한 말입니다.

　예로부터 글씨는 그 사람의 상태를 대변한다고 합니다. 올바른 몸가짐, 겸손하고 정직한 말씨, 바른 글씨체, 공정한 판단력이라는 '신언서판(身言書判)'은 글씨로 마음을 다스릴 수 있는 사람에게 나랏일을 맡겼다는 의미입니다. 그래서 글씨는 의사소통의 도구라고 표현하는데, 우리는 의사소통의 도구 중에 가장 쉽고 간략하여 효과적으로 의사 표현을 할 수 있으므로 세계인이 부러워하는 특별한 방법을 갖고 있습니다.

　전 세계에 존재하는 70여 개의 문자 중에서 유일하게 창제자·창제연도·창제원리를 알 수 있는 독창성과 창작성으로 유네스코에 인류문화 유산으로 등재되어 세계에서 가장 우수한 문자로 인정받는 위대한 문자 훈민정음이 바로 그것입니다. 그런데 우리는 세종대왕이 주신 위대하고 영원한 선물을 제대로 활용하지 못하고 오히려 파괴하고 있습니다.

　더욱이 현대인은 스마트폰과 컴퓨터 생활로 글씨를 쓰는 기회가 점점 사라지고 키보드로 글을 치게 됩니다. 이것은 지구상에 존재하는 생명체 중에 인간만이 누릴 수 있는 글씨 쓰는 특권을 포기하는 것과 마찬가지입니다. 키보드와 마우스가 대세인 젊은 세대일수록 손으로 글씨를 많이 써야 하는 이유이기도 합니다.

　이제부터라도 대한국인이라면 반드시 『훈민정음 해례본』을 한 번쯤 직접 써보면서 대강의 내용이라도 알고 세계 최고의 문자 훈민정음을 보유한 후예로서 자긍심을 가져야 할 것입니다.

　끝으로 귀한 목판본 자료를 제공해 주신 충청북도 무형문화재 제28호 각자장인 박영덕 훈민정음각자 명장에게 깊은 감사를 드립니다.

훈민정음 창제 578(2022)년 3월 3일

엮은이 **박재성**

# 추천사

## 예쁜 글씨, 바른 글씨가 꽃피는 나라

　세계인에게 미지의 땅이었던 고요한 아침의 나라 한국은 지구촌 사람들이 꿈꾸는 동경의 대상으로 언젠가 한 번은 꼭 가보고 싶은 나라가 되었다. 세계의 어느 골목, 어느 언덕에서나 한류 문화의 아지랑이가 아롱아롱 피어나지 않는 곳이 없다. 한국의 소리, 한국인의 표정, 한국이 만든 상품이 최고 최상의 대우를 받으면서 인기를 누리고 있기 때문이다. 이는 단연코 한글의 저력에 힘입은 바 크다. K팝을 부르면서 한글을 익혔고, K드라마를 보면서 한국인의 말씨를 배운 사람들은 한국인의 문자 한글이 문명국의 문자 가운데서 가장 배우기 쉽고 식별이 단일하여 초심자가 언중(言衆) 속에 뛰어들어도 공포감에 질리지 않는다고 한다.

　이는 세종대왕께서 1443년에 창제하신 훈민정음에서 비롯되었을 터이니, 이에 다시 한번 경의를 표하지 않을 수 없다.

　이처럼 비견될 수 없을 만큼 존경스러운 문자를 가진 우리가 오늘날 읽고 말하면서도 잘 쓰려하지 않는다. 연필로, 철필로, 붓으로 만년필로 정성을 다해 꼭꼭 눌러 써오던 귀중한 체험을 내던지고 말았다. 물론, 컴퓨터, 휴대전화 등이 손글씨 쓰기의 수고를 대신해 주는 편리함 때문이리라. 그러나 이는 문화적 창조 활동의 일부를 스스로 저버리는 행위와 같다.

　이러한 차제에 사단법인 훈민정음기념사업회에서『훈민정음 해례본』과『언해본』을 바탕으로『훈민정음 경필쓰기 교본』을 만들어 보급하는 유익한 사업을 벌이매, 평생 글씨만 써온 사람으로서 기껍고 고마운 마음을 다해 이를 적극 추천한다. 우리의 국보요, 인류의 자랑인 훈민정음을 다양한 필기도구로 직접

씀으로써 그 고매한 정신과 불후의 가치를 육화(肉化)하고 생활화하는 일이야말로 사경(寫經)의 정성에 미치지 못한다 아니할 것이다.

훈민정음의 원본 서체를 보급하고, 그 고전적 품격을 융합하여 새로운 문화 창출에 이바지할 수 있는 전기를 마련함에도 큰 의의가 있을 줄 안다. 특히 이 사업의 일환으로 쓰기의 수준을 향상시켜 '경필 급수(硬筆級數)'를 사정, 개인 시상제를 운영한다 하니, 더욱 관심 있는 일이 아닐 수 없다.

이 교본이 세상에 나옴과 함께 글씨 쓰는 한국의 참모습을 널리 선양하여 그 어디서나 예쁜 글씨, 바른 글씨가 사람들의 마음과 몸을 더 아름답게 피워내는 꽃밭을 열어 글씨 향기 넘쳐나는 우리의 둘레가 되기를 바라면서 추천사에 가름한다.

사)세계문자서예협회 이사장
국립현대미술관초대작가 **김동연**

# 이 책의 효과

**하나.** 훈민정음을 배울 수 있습니다.

이 책은 문화체육관광부 소관 사단법인 훈민정음기념사업회가 훈민정음을 바르게 알리기 위해서 심혈을 기울여 현대에 맞게 번역하여 국민 누구나 쉽게 이해할 수 있도록 편집하였습니다.

**둘.** 문자 강국의 자긍심을 느낄 수 있습니다.

이 책은 전 세계에 존재하는 70여 개의 문자 중에서 유일하게 창제자·창제연도·창제원리를 알 수 있는 독창성과 창작성으로 유네스코에 인류문화 유산으로 등재되어 세계에서 가장 우수한 문자로 인정받는 위대한 문자 훈민정음을 보유한 문자 강국의 자긍심을 느낄 수 있도록 편집하였습니다.

**셋.** 역사를 바르게 알 수 있습니다.

이 책은 『훈민정음 해례본』의 내용 풀이에만 그치지 않고, 내용 중에 이해하기 어려운 용어도 미주에 보충 설명을 하여서 독자 누구나 바르게 이해할 수 있도록 편집하였습니다.

**넷.** 한자를 바르게 알고 쓸 수 있습니다.

이 책은 『훈민정음 해례본』의 한자 및 한자어를 분석하여 사용된 725자의 한자에 대한 훈음은 물론 글씨 쓰기의 기본을 책 앞에 실어서 독자 누구나 한자를 바르게 알고 쓸 수 있도록 편집하였습니다.

**다섯.** 글씨를 예쁘게 쓸 수 있습니다.

이 책은 스마트폰과 컴퓨터 생활로 글씨를 쓰는 기회가 점점 사라지는 현대인에게 마음을 표현할 수 있는 예쁜 글씨를 써볼 수 있도록 편집하였습니다.

**여섯.** 일석삼조의 효과를 얻을 수 있습니다.

이 책은 『훈민정음 해례본』에 대한 내용의 이해는 물론, 훈민정음의 창제원리를 배울 수 있고, 사단법인 훈민정음기념사업회가 주최하는 〈훈민정음 경필쓰기 검정〉에도 응시할 수 있는 일석삼조의 효과를 얻을 수 있도록 편집하였습니다.

# 글씨 쓰기의 기본

## 1. 경필(硬단단할 경 · 筆붓 필)

뾰족한 끝을 반으로 가른 얇은 쇠붙이로 만든 촉을 대에 꽂아 잉크를 찍어서 글씨를 쓰는 도구라는 뜻이지만, 동양의 대표적인 필기구인 붓이 부드러운 털로 이루어졌다는 뜻에 대해서 단단한 재료로 만들어진 글씨 쓰는 도구란 의미로 펜, 연필, 철필, 만년필 등을 이른다.

## 2. 글씨를 잘 쓰는 방법

1) 바른 자세로 써야 한다.
2) 경필 글씨 공부는 연필로 쓰는 것이 좋다.
3) 글자의 비율을 맞추면서 크게 써보는 것이 좋다.
4) 모범 글씨를 보고 똑같이 써보려고 노력한다.
5) 반복해서 자꾸 써보는 노력이 가장 중요하다.

## 3. 자획(字글자 자 · 畫그을 획)

글자를 이루는 선과 점 하나하나를 획이라 한다. 즉 글자를 쓸 때 한번 펜(또는 붓)을 종이에 대었다가 자연스럽게 뗄 때까지 계속된 점이나 선이 한 획이 된다.

## 4. 필순(筆붓 필 · 順순서 순)

글자를 쓸 때는 일반적으로 정해진 순서에 따라 써야 하는데, 글자의 획을 써 나가는 순서를 필순이라 한다.

## 5. 해례본에 나오는 주요 한자의 필순

1) 위에서 아래로 쓴다.
   예) 三, 言, 工 ,亡
2) 왼쪽에서 오른쪽으로 쓴다.
   예) 川, 仙, 州
3) 좌우의 획이 대칭될 때는 가운데 획을 먼저 쓴다.
   예) 小, 水, 樂
4) 가로와 세로획이 교차할 때는 가로획을 먼저 쓴다.
   예) 十, 木, 井

5) 삐침과 파임이 만날 때는 삐침을 먼저 쓴다.

　　예) 人, 大, 更

6) 둘러싼 모양의 글자는 바깥쪽을 먼저 쓴다.

　　예) 月, 用, 同

7) 가운데를 꿰뚫는 획은 가장 나중에 쓴다.

　　예) 事, 中, 肅

8) 허리를 긋는 획은 가장 나중에 쓴다.

　　예) 母, 女, 毋

9) 아래로 에운 획은 나중에 쓴다.

　　예) 也, 世, 匕

10) 받침을 나중에 쓰는 경우. (辶(走), 廴)

　　예) 近, 建

11) 받침을 먼저 쓰는 경우. (走, 是, 免)

　　예) 起, 題, 勉

12) 위에서 아래로 싼 획은 먼저 쓴다.

　　예) 力, 方, 刀

13) 오른쪽 위의 점과 밑에 있는 점은 맨 나중에 쓴다.

　　예) 代, 犬, 太

14) 삐침이 짧고 가로획이 길면 삐침을 먼저 쓴다.

　　예) 有, 右, 布

## ※ 영자팔법(永길 영 · 字글자 자 · 八여덟 팔 · 法법 법)

'永' 자에 포함된 8가지 기본적인 筆法(필법). '永' 자의 각 획이 한자의 운필법에서의 모든 기본을 포함하고 있다고 하여 예로부터 '영자팔법'이란 명칭을 썼으며, 서법의 전수와 습자의 초보 단계의 한 방법으로 이용됐다.

각부의 명칭은 運筆(운필)의 순서에 따라서 ①側(측) ②勒(늑) ③努(노) ④趯(적) ⑤策(책) ⑥掠(략) ⑦啄(탁) ⑧磔(책)의 8 법이다.

| 영자팔법 永 | 側 | 측은 점 | 策 | 책은 지침 |
|---|---|---|---|---|
| | 勒 | 늑은 가로긋기 | 掠 | 략은 좌삐침 |
| | 努 | 노는 내리긋기 | 啄 | 탁은 좌별 |
| | 趯 | 적은 갈고리 | 磔 | 책은 우날(파임) |

## 목차

머리말 ……………………………………………………… 3
추천사 ……………………………………………………… 4
이 책의 효과 ……………………………………………… 6
글씨 쓰기의 기본 ………………………………………… 7

### 一부. 훈민정음 개론

1. 훈민정음 원본, 해례본, 언해본
  1) 원본 ………………………………………………… 13
  2) 해례본 ……………………………………………… 13
  3) 언해본 ……………………………………………… 13

2. 훈민정음 해례본
  1) 개요 ………………………………………………… 14
  2) 발견경로 …………………………………………… 15
  3) 국보 70호 훈민정음 해례본의 비밀 …………… 16
  4) 훈민정음 서문 …………………………………… 17
  5) 훈민정음 해례본의 내용 구성 ………………… 19
  6) 의의와 평가 ……………………………………… 21

3. 훈민정음 해례본 집필에 참여한 8학사
  1) 정인지(鄭麟趾) …………………………………… 22
  2) 최항(崔恒) ………………………………………… 22
  3) 박팽년(朴彭年) …………………………………… 23
  4) 신숙주(申叔舟) …………………………………… 23
  5) 성삼문(成三問) …………………………………… 23
  6) 강희안(姜希顔) …………………………………… 24
  7) 이개(李塏) ………………………………………… 24
  8) 이선로(李善老) …………………………………… 25

### 二부. 훈민정음 해례본 경필 쓰기

1. 어제서문 …………………………………………… 29
2. 제자해 ……………………………………………… 41
3. 초성해 ……………………………………………… 96
4. 중성해 ……………………………………………… 100
5. 종성해 ……………………………………………… 107
6. 합자해 ……………………………………………… 119
7. 용자례 ……………………………………………… 135
8. 정인지서문 ………………………………………… 143

목차

## 三부. 특별자료

1. 훈민정음 해례본에 사용된 한자 및 한자어 분석 ·················· 159
2. 훈민정음 해례본에 쓰인 속자 및 약자와 동자 정리 ·············· 160
3. 훈민정음 해례본에 사용된 한자 훈음 ························· 161
4. 용어풀이(미주) ································· 170

## 四부. 부록

1. 훈민정음 해례본 영인본(훈민정음 각자 명장 박영덕 각)

## 五부. 별책 부록

1. 훈민정음 경필쓰기 검정 1급용 원고
2. 훈민정음 경필쓰기 검정 특급용 원고

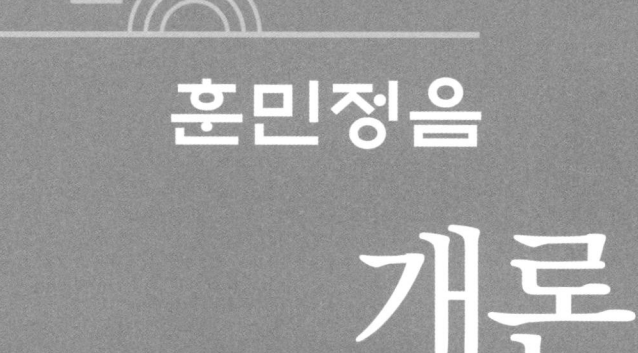

훈민정음

# 개론

# 1. 훈민정음 원본, 해례본, 언해본

## 1) 원본

『훈민정음 원본』은 한문 서적이다. 당연하게도 〈훈민정음〉 창제 당시 모든 문자 생활은 한자를 사용하고 있었던 탓에 한문으로 〈훈민정음〉을 해설할 수밖에 없었기 때문이다.

## 2) 해례본

세종대왕 때 간행한 최초의 원본과 같은 〈훈민정음〉의 판본이다. 이에 『훈민정음 원본』이라고 불리기도 하나, 다만, 현재 남아 있어 대한민국의 국보 겸 유네스코 기록유산으로 지정된 『훈민정음 간송본』역시 세종 연간에 발행된 첫 판본으로 보기는 어렵기에, 역사학계에서는 '원본'이라고 부르지는 않고 『훈민정음 해례본』이라고 부른다. 해례(解例)란, 〈훈민정음〉을 어떻게 만들었는지, 문자 창제 과정을 종합해기록하였다는 의미이다.

## 3) 언해본

『언해본』은 세조 때 간행되었는데, 한문으로 기록된 『훈민정음 원본』을 〈훈민정음〉을 이용해 당시 쓰이던 조선어로 옮긴 책이라고 해서 『언해본(諺解本)』이라고 한다. 『언해본』에는 〈훈민정음〉의 제자원리를 기록한 부분이 누락 되어 있어서 일본 강점기까지만 하여도 『해례본』이 발견되기 전에는 "조선 문자 자모는 한옥 창살을 보고 만든 것"이라는 등 온갖 억측이 난무했다. 『해례본』이 발견됨으로써 〈훈민정음〉의 자음(子音)은 인체의 발음기관을 본뜬 것이고, 모음(母音)은 천지인 삼재[1]를 음양오행의 원리에 따라 배치해 만들었다는 것이 비로서 밝혀지게 되었다.

현재 전해지는 것 중 가장 오래된 판본은 1459년(세조 5년)에 발간된 『월인석보[2]』의 권두에 수록된 것

---

1  三才(석 삼, 재주 재) : 우주와 인간 세계의 기본 구성 요소이자 그 변화의 동인으로 작용하는 하늘, 땅, 사람을 통틀어 이르는 유교 용어이다. 삼극(三極),
   삼원(三元), 삼의(三儀), 삼령(三靈)이라고도 한다.

2  月印釋譜(달 월, 도장 인, 풀 석, 계보 보) : 조선 제7대 왕 세조가 재위 5년 되던 해인 1459년에 선대왕인 세종의 『월인천강지곡』과 자신이 지은 『석보
   상절』을 합편하여 간행한 불교 서적으로 세종의 훈민정음 반포 당시에 편찬, 간행되었던 『월인천강지곡』을 세조 때 다시 편집하였기 때문에, 초기의 훈
   민정음 변천을 살피는 데 있어서 중요한 가치를 지닌다.

이다. 세종대왕의 서문, 본문(예의) 부분이 수록되어 있고, 『해례본』에 있는 제자해는 수록되어 있지 않다. '한문(+현토[3])+언해'의 방식으로 쓰여 있는데, 우리에게 익히 알려진 '나랏말ᄊᆞ미…'도 『언해본』에 수록된 서문의 첫 구절이다. 흔히 훈민정음의 모습을 떠올릴 때 연상되는 책이라고 할 수 있다.

# 2. 훈민정음 해례본

## 1) 개요

책 이름을 글자 이름인 〈훈민정음〉과 똑같이 『훈민정음』이라고도 하고, 해례가 붙어 있어서 『훈민정음 해례본』[4] 또는 『훈민정음 원본』이라고도 한다. 『훈민정음 해례본』은 〈훈민정음〉의 자음과 모음을 만든 원리와 용례를 상세하게 설명한 글로, 세종이 직접 서문을 쓰고 정인지 등의 신하들에게 글자에 대한 설명을 적게 했다. 집필자들은 정인지·신숙주·성삼문·최항·박팽년·강희안·이개·이선로 등 집현전 8명의 학자다.

(1) **반포 시기** : 정통 11년(1446) 9월 상한(上澣 : 초하루에서 초열흘까지의 기간)

(2) **권수/책 수** : 전권 33장 1책

(3) **규격** : 광곽(匡郭)은 가로 16.8㎝, 세로 23.3㎝이고, 본문(예의) 부분은 4장 7엽으로 엽마다 7행에 매행 11자, 해례 부분은 26장 51엽 3행으로 엽마다 8행에 매행 13자, 정인지의 서문은 3장 6엽에 한 자씩 낮추어서 매행 12자로 되어 있다. (서지학에서는 페이지 혹은 면을 '엽(葉)'이라 함.)

(4) **소장처** : 간송미술관(澗松美術館 : 서울특별시 성북구 성북로 102-11)

---

3  **懸吐(매달 현, 토할 토)** : 한문 문장에 우리말의 토를 달아놓는 표기법으로, 한문을 읽을 때에 그 뜻을 깨닫기 쉽게 하거나 독송을 위하여 고안된 방법이라고 할 수 있다. 보통의 경우 붙여쓰기의 형태로 적혀 있는 한문 문장을 보다 원활하게 이해하기 위해 문장과 문장 사이, 혹은 문장 안의 구절이 끝나는 곳에 우리말의 조사를 붙여 토를 다는 것을 지칭한다. 한자의 일부를 따서 한문의 구절 끝에 다는 우리말 식의 토인 '구결'이나 한자의 음과 뜻을 빌어서 우리말을 적는 표기체계인 '이두'와 달리, '현토'는 한문 체언에 붙는 우리말 조사와 한문 어간 뒤에 붙는 우리말 어미라고 볼 수 있다. 결국 '현토'는 '문어(文語)'인 한문을 '구어(口語)'인 우리말의 특성에 맞추어 의미를 용이하게 해석하기 위한 방법 가운데 하나이다.

4  『훈민정음 원본』이라고도 하며 국보 제70호로 지정돼 있다. 1997년 10월 유네스코 세계기록유산으로 등록됐다. 현재 해례본은 1940년 안동에서 발견된 간송본과 2008년 상주에서 발견된 상주본 2부가 존재한다. 『훈민정음 상주본』은 『훈민정음 해례본』의 일종으로 2008년 상주에서 『훈민정음 해례본』이 새로 발견되면서 이같이 불린다. 상주본이 나타나기 전까지 현존하는 유일한 해례본은 간송본이었다. 상주본은 간송본과 달리 보존상태도 좋고 뒷면에 낙서가 없어 내용이 잘 보이며, 책 여백에 훈민정음 관련 주석이 적혀 있어 학술 가치가 매우 높다.

## 2) 발견경로

### (1) 원소장자

현존 본『훈민정음』은 세종이 광산 김씨 문중에 여진 정벌의 공로를 치하하는 의미로 내린 서책으로 경상북도 안동시 와룡면 가야리의 광산 김씨 안동 종가 긍구당의 세전가보(世傳家寶)였다.

### (2) 유출경로

1939년 이용준은 자신의 처가인 광산 김씨 안동 종가의 긍구당 서고에 보관되어 있던 가보인 매월당 집 등을 비롯하여『훈민정음 해례본』을 처가 몰래 훔쳐내서 안동의 자택에서 보관하고 있었다. 1940년 여름 이용준은 은사인 한문학자이자 국문학자인 김태준[5]에게『훈민정음 해례본』의 존재를 처음 알렸다. 김태준은 이용준의 자택에서『훈민정음 해례본』을 확인하고 긍구당 직인이 찍힌 첫 장은 찢어내고 문화 재 수집가 간송 전형필[6]에게 구매 의사를 타진했다.

### (3) 매입 비사

그동안 훈민정음의 행방을 애타게 기다려온 간송은 일제의 감시 위험을 무릅쓰고 곧바로 은행으로 달 려가 11,000원을 찾아서『훈민정음 해례본』을 인수했다. 그런데 당시 이용준이 제시한『훈민정음 해례 본』의 최초 판매가는 천 원이었으나 원래 문화재의 가치를 정확히 치르는 것으로 유명했던 간송은『훈민 정음 해례본』의 문화재 가치와 비교해서 이용준이 요구한 금액이 너무 적다고 생각하여 10배인 1만 원을 지불하고,『해례본』을 소개한 국문학자 김태준에게는 따로 1천 원을 지급했다. 간송이 이용준에게 지급 한 책값은 당시 서울의 기와집 10채를 살 수 있는 거액이었고 오늘날 물가로 환산하면 30억 원에 이른다 고 한다.

### (4) 국보 지정과 세계기록유산 등재

연산군의 탄압 이후 수백 년 동안 종적을 감췄던『훈민정음 해례본』을 매입한 간송은 조선말과 글의 사용을 금지하고 국어학자들을 탄압하던 일제가 어떤 짓을 할지 몰랐기 때문에 광복을 맞을 때까지 해 례본의 존재를 철저히 감췄다.

해방이 되면서 당당하게『훈민정음 해례본』의 존재를 공개함에 따라서 그동안 학자들 사이에 논란이 일었던 훈민정음 창제원리가 밝혀지게 되었다. 1946년에는 조선어학회 간부들을 초대해 영인본을 만들 도록 허락했다.

---

5  김태준(金台俊, 1905~1949)은 호는 천태산인(天台山人)이다. 평안북도 운산 출신으로 경성제국대학을 졸업한 일제강점기 때 활동한 공산주의 계열 독 립운동가다. 한문학자이자 국문학자이다. 한국 문학사의 기초를 닦은 연구자였다.

6  전형필(全鎣弼, 1906.7.29~1962.1.26)은 호는 간송(澗松)이다. 서울특별시에서 태어났다. 훈민정음 원본 등의 문화재를 수집하고, 일본으로 유출된 문화재들을 되찾아와 1938년 조선 최초의 근대 사립미술관인 보화각을 세웠는데 전형필 사후 간송미술관으로 개편되었다.

## 3) 국보 70호 훈민정음해례본의 비밀

### (1) 낙장 소실

간송 전형필이 거금 일만 원을 주고 입수한 『훈민정음 해례본』은 불행하게도 맨 앞부분 어제서문(御製序文) 두 장, 4쪽 분량이 낙장 소실[7]되어 있었다.

그러나 전형필에게 넘기기 전, 김태준 교수와 제자 이용준은 판매가 목적이었기 때문에 낙장 사실을 공개하지 않은 채 원본인 것처럼 보이도록 은밀하게 보수했다.

### (2) 보수 방법

① 종이 : 남아 있는 고색창연한 원본과 유사하게 만들려고 한지는 소죽솥에 삶아 누런색을 띠게 만들고 원본 고서처럼 비슷하게 재단해 꿰맸다.

② 글씨 : 선전(鮮展)에 입선한 서예가로 안평대군체(安平大君體)에 조예가 있던 이용준이 맡았다. 이처럼 당시 보수작업에 상당히 공을 들인 탓에 보수한 것은 2장이 아니라 1장뿐이라는 착각을 오랫동안 불러일으켰다.[8]

③ 오자 : 낙장 부분을 최초 복원하는 과정에서 이용준의 미숙함으로 세종 어제서문의 끝 자 '耳'가 '矣'로 되는 등 오자로 기록되어 전해지고 있다.

### (3) 간송본

1962년 12월 20일 이 간송본 『훈민정음 해례본』은 세종대왕의 서문 부분을 포함한 2장의 위작 부분까지도 국보의 지정범위에 포함돼 대한민국의 국보 제70호로 지정되어 현재에 이르고 있다. 이후 1997년 10월에 대한민국의 유네스코 세계기록유산으로 등재됐다.

이후 대다수 국민이 오해하고 있는 것은 정인지를 포함한 8명의 집현전 학자들이 1446년 음력 9월에 작성한 『훈민정음 해례본』이라는 서책이 등재되어 있는데, 절대 문자 체계인 세종대왕이 1443년 음력 12월에 창제한 '훈민정음' 그 자체가 세계기록유산으로 등재되었다고 오해하고 있다.

국보 제70호로 지정된 『훈민정음 해례본』은 현재 서울 성북구 성북동의 간송미술관에 소장돼 있어

---

7 연산군의 언문책을 가진 자를 처벌하는 언문 정책 때문에 부득이 앞의 두 장을 찢어내고 보관하였기 때문에 낙장 되었다는 설이 있다.

8 1983년 안춘근의 논문에서 주장된 내용으로 2006년 작고한 안 교수는 위 논문 끝에 유언적인 말을 남겼다. "처음 두 장의 낙장을 제대로 복원도 하지 않고 약 50년 전(1940)의 잘못된 보사(補寫)를 그대로 이용함은 부끄러운 일이다. 이 시안은 완전한 것이 아니다. 앞으로 활발한 논의로써 수정되고 보완되어야 할 것이다. 그러나 적어도 지금의 보사보다는 잘못이 작으리라 믿는다. 완전한 복원이 이루어지기까지는 이 시안이 해례본의 이용과 복제에서 참고되기를 바란다."

'간송본'이라고 불린다.

## (4) 상주본

2008년 7월 간송본과 똑같은 『훈민정음 해례본』진본이 경북 상주에서 발견됐다는 소식이 알려져 세상을 놀라게 했는데 이것을 상주본이라고 한다. 고서 수집가 배익기 씨가 집수리를 위해 짐을 정리하다가 발견했다며 안동 MBC에 제보한 것이다. 한 달 뒤 골동품상 조 모 씨(2012년 사망)가 "이는 경북 안동시 광흥사 나한상 안에 들어 있던 복장유물[9]인데, 1999년 문화재 도굴범이 내게 팔아넘긴 것을 배 씨가 훔쳐 갔다"라고 주장해 소유권 다툼이 벌어졌다. 상주본은 지금까지 행방이나 존재의 유무가 확인되지 않고 있다.

# 4) 훈민정음 서문

## (1) 서문의 구분

『훈민정음』은 세종대왕이 작성한 「어제 서문」과 훈민정음해례 집필자들인 정인지, 최항, 이개, 박팽년, 신숙주, 성삼문, 강희안, 이선로 등 8명의 학자를 대표하여 그 우두머리인 정인지가 작성한 「정인지 서문」으로 구별된다.

## (2) 어제서문 원문과 해석

### ① 원문(방점 제거 본)

訓民正音
國之語音異乎中國與文字不相流通故愚民有所欲言而終不得伸其情者
多矣予爲此憫然新制二十八字欲使人人易習便於日用耳

### ② 해석

나라의 말이 중국과 달라서 문자로는 서로 통하지 아니하므로 이런 까닭으로 어리석은 백성이 말하고자 하는 바가 있어도 끝내 제 뜻을 나타내지 못하는 사람이 많다. 내 이를 불쌍히 여겨 새로 스물여덟 글자를 만드니 사람마다 하여금 쉽게 익혀서 날마다 쓰기에 편하게 하고자 할 따름이니라

---

9 腹藏遺物(배 복, 감출 장, 끼칠 유, 물건 물) : 불상을 만들 때, 가슴 안쪽에 넣는 유물. 금·은·칠보와 같은 보화나 서책 따위가 있다.

## (3) 정인지 서문

「정인지 서문」을 요약하면 '한자음 표기'를 비롯하여 세 가지로 요약하여 말하고 있다. 첫째, 한자음 표기법으로써 훈민정음을 사용하게 되었다는 것. 둘째, 공문서에 신라의 설총이 만들어 사용해 온 이두 대신 훈민정음을 사용하여야 한다는 것. 셋째, 한문 서적의 풀이를 훈민정음으로 표기할 수 있다는 점을 강조하고 있다.

그러나 1446년 음력 9월에 쓰인 정인지 서문은 훈민정음과 세종에 대한 찬양이 목적인 것처럼 보이지만, 실제로는 1444년 음력 2월 20일에 집현전 부제학 최만리, 직제학 신석조, 직전 김문, 응교 정창손, 부교리 하위지, 부교리 송처검 등이 세종의 언문 창제 및 이와 관련된 5개 항목을 열거하여 언문 창제에 대한 견해를 천명한 '언문(훈민정음) 창제 반대 상소문'에 대한 반론의 성격을 띠고 있음에 유의하여야 올바른 해석이 될 수 있다.

그래서 정인지 서문을 제대로 해석하기 위해서 최만리 상소문을 먼저 요약하고 그에 대해 반론 한 정인지 서문을 살펴보고자 한다.


먼저 세종대왕의 뜻에 반대하여 최만리 등 7명은 한자의 음을 언문으로 표기하는 언문 운서는 한자의 음을 바꾸는 것이라 하여 반대하였고, 중국이 한문과 언문을 함께 사용하여 동문동궤를 어기는 것은, 여러 문자를 사용하는 오랑캐처럼 중국의 문명을 망치는 것이라 하여 반대하였고, 비록 이두라 하여도, 이두는 한자를 사용하므로 학문에 도움이 되는데, 잘 쓰고 있는 이두를 폐기하고 한문과 아무런 관계가 없는 언문을 사용하는 것은 문화를 망치는 것이라 하여 반대하였고, 옥사에 언문을 사용하더라도 억울함이 없어지지 않을 것이라 하여 반대한다고 상소를 하였다.

이에 정인지는 서문으로 반론하기를, 훈민정음은 모양은 고전을 모방[10]하였기에 바뀐 것이 없고, 한자의 음은 바꿀 수 없어 외국도 중국의 자음을 그대로 써야 하지만, 풍토와 성기가 다른 외국의 어음을 중국의 자음으로 표기하게 하는 것은 옳지 않고, 모두 각자의 처지에 따라 여러 문자를 사용하는 것이 좋다. 따라서, 꼭 동문동궤[11]를 고집할 것이 아니라, 한문과 훈민정음을 함께 사용할 수 있다고 반론한다. 동방의 어음을 표기하는 이두가 오랫동안 관부와 민간에서 사용되었지만, 가짜 음을 사용하기에 껄끄럽거나 막힘이 있어서 이미 논할 바가 아니고, 음성언어로 사용할 때는 그 만분의 일도 통할 수가 없다. 그래서 이두를 훈민정음으로 대체한다고 말한다. 화하 때처럼 어음을 표기하는 문자가 없어서, 옥사를 다스리는 사람이 한문 문서로는 그 사정을 알기 어려웠으나, 훈민정음으로 옥사를 다스리면 그 사정을 알 수 있게 되고, 한문으로 된 서책을 배우는 사람이 글의 내용을 알기 어려웠으나, 훈민정음으로 언해 하면 글의 내용을 이해할 수 있다고 반론하고 있다.

---

10   象形而字倣古篆(상형이자방고전)

11   同文同軌(한가지 동, 글월 문, 한가지 동, 바퀴 사이 궤) : 여러 지방의 수레의 너비를 같게 하고 글은 같은 글자를 쓰게 한다는 뜻으로, 천하가 통일된 상태를 이르는 말.

# 5) 훈민정음해례본의 내용 구성

『훈민정음 해례본』은 세종대왕이 작성한 「어제 서문」과 「예의」가 나오는데, 이를 '본문'이라 칭하고 그 나머지 즉, 집현전 학사들이 새로운 문자의 제자 경위, 특성, 사용 방법 등을 설명하고 그 용례를 보여 준 부분을 '해례'라 칭한다. 그다음에 '해례'의 집필에 참여한 학자들을 대표하여 정인지가 작성한 「정인지 서문」으로 구성되어 있다.

## (1) 본문(예의)

### ① 어제서문
- 요약 : 훈민정음 창제목적을 밝혔다.
- 내용 : 세종 어제 서문에서는, 표기 수단을 가지지 못한 비 지식층 백성들에게 표기 수단을 가지게 하려고 세종이 친히 훈민정음을 창제하였다고 창제목적이 밝혀져 있다.

### ② 예의
- 요약 : 새 글자의 음가, 운용법을 설명하였다.
- 내용 : 어제 서문에 이어서 외래어인 한자어의 전래자음을 이용하여 새로 만든 훈민정음의 음가와 운용법을 설명하였는데, 이때 이용한 자음용 한자들은 중성자와 종성자도 그대로 설명할 수 있도록 고른 것이었다.
  중성자는 'ㆍ ㅡ ㅣ ㅗ ㅏ ㅜ ㅓ ㅛ ㅑ ㅠ ㅕ'로 정하였는데, 분명히 이중모음인 'ㅛ ㅑ ㆍ ㅠ ㅕ'도 기본 단위 자로 삼은 것이 특색이었고, 종성자는 초성 글자를 다시 써서 표시하도록 규정하였다.
  예의 편의 끝에서는 연서와 병서·합용 등의 표기 방식과 위에서 아래로, 좌에서 우로 초성·중성·종성 글자를 음절 단위로 쓸 것을 규정하였고, 음절마다 방점으로 성조를 왼쪽에 표시하도록 하였다.

## (2) 해례

해례 편은 새로 만든 글자의 제자원리를 주로 밝히고, 그 음가·운용법, 이 문자가 표시하는 음운체계 등을 자세히 설명한 부분이다.

### ① 제자해
- 요약 : 제자원리와 기준, 자음체계, 모음체계, 음상 등에 관하여 설명하였다.

·내용 : 제자해에서는 첫머리부터 태극·음양·오행과 결부된 언어관을 제시하고, 훈민정음의 창제도 성음에 따라 음양의 이치를 다한 것이라고 하였다. 이어서 제자원리가 상형에 있음을 말하고, 자음자의 제자에 있어서는 먼저 조음 위치별로 기본이 되는 초성 자를 정하고, 이 기본자들은 각각 그 조음 방식 또는 조음위치를 상형화하여 제자 된 것임을 밝혔다.

② 초성해

·요약 : 초성이 무엇인가를 다시 설명하였다.

·내용 : 초성 해에서는, 초성이란 운서의 자모에 해당한다고 하고 한자음을 가지고 다시 설명하였다.

③ 중성해

·요약 : 중성이 무엇인가를 다시 설명하고, 중성 글자의 합용 법을 제시하였다.

·내용 : 중성 해에서는 중성이란 한자음의 개음(介音)+운복음(韻腹音)임을 한자음을 가지고 설명하였는데, 중국음운학에서 음절 말음으로 다루는 반모음까지도 중성에 포함해, 제자해에서 설명한 11자 이외에, 다음과 같이 여러 모음자가 합용 되어 중모음으로 쓰일 수 있음을 말하였다.

④ 종성해

·요약 : 종성의 본질과 사성 등을 설명하였다.

·내용 : 종성 해에서는 종성이란 자음으로 끝나는 음절 발음을 역시 한자음을 가지고 다시 설명하고, 중세 국어의 성조를 우선 종성만 가지고 설명하였다. 즉, 불청불탁자(不淸不濁字)는 평성·상성·거성의 종성이 되고, 전청자·차청자·전탁자는 입성의 종성이 된다고 하였다. 그러나 국어의 종성은 'ㄱ·ㆁ·ㄷ·ㄴ·ㅂ·ㅁ·ㅅ·ㄹ' 8자면 족(足)하다고 하였다. 그리고 한자음의 입성 가운데, 'ㄷ'종성음을 일반에서 'ㄹ'로 발음하고 있는데, 이를 'ㄷ'음으로 발음해야 한다고 하였다.

⑤ 합자해

·요약 : 초성·중성·종성 글자가 합해져서 음절 단위로 표기되는 보기를 보이고, 중세 국어의 성조에 대하여 설명하였다.

·내용 : 합자 해에서는, 초성·중성·종성 글자를 자소처럼 인식하여, 이들 3요소를 좌로부터 우로, 위로부터 아래로 써서 음절 단위로 쓸 것을 규정하였고, 합용병서·각자병서의 서법을 초성·중성·종성에 걸쳐 설명하였다. 이어 당시의 국어 성조를 다시 설명하여, 입성은 중세 국어의 성조 단위가 아님을 말하였다. 즉, 긴:깁, 몯 등이 종성만을 가지고 볼 때는 입성이지

만, 성조로서는 평성·상성·거성이 된다고 하였다. 그리고 반설경음(半舌輕音) 'ᄛ'도 반설중음(半舌重音)인 'ㄹ'과 구별하여 사용할 수 있음을 말하고, 중모음 ㆍ의 가능성도 제시하였다.

⑥ 용자례

·요약 : 단어의 표기례를 제시였다.
·내용 : 용자례에서는 중세 국어에서 90단어의 예를 들어, 그 표기법을 보였다. 초성 'ㄱ·ㅋ·ㆁ·ㄷ·ㅌ·ㄴ, ㅂ·ㅍ·ㅁ, ㅸ·ㅈ·ㅊ, ㅅ·ㅎ·ㅇ, ㄹ·ㅿ'의 표기 예를 각각 두 단어씩 들었는데, 각자병서와 ㆆ의 표기례가 제외되고, ㅸ의 표기례를 보인 것이 특징이다. 중성은 'ㆍ·ㅡ·ㅣ·ㅗ·ㅏ·ㅜ·ㅓ·ㅛ·ㅑ·ㅠ·ㅕ'의 표기례를 각각 4단어씩 보였으며, 종성은 'ㄱ·ㆁ·ㄷ·ㄴ·ㅂ·ㅁ·ㅅ·ㄹ'의 8종성의 표기 예만을 각각 4단어씩 보였다.

⑦ 정인지 서문

·요약 : 훈민정음의 창제이유, 창제자, 훈민정음의 우수성, 이 책의 편찬자, 편찬연월일을 분명히 밝혔다.
·내용 : 세종이 1443년(세종 25) 겨울에 훈민정음을 창제하였다는 것, 해례본의 저술자가 정인지·최항·박팽년·신숙주·성삼문·강희안·이개·이선로 등 8명이라고 하였다. 이 서문을 쓴 날이 1446년 9월 상한이라고 기록되어 있으므로, 훈민정음해례본의 완성일을 알 수 있게 되었다.


## 6) 의의와 평가

세종 때는 명나라의 오만함과 대다수의 유교를 신봉하며 모화사상에 젖은 최만리 등의 반대 상소에도 불구하고 애민 정신에 따라 훈민정음을 창제하였음을 알 수 있다. 이를 바탕으로 세계에서 유일하게 창제자와 창제연도 및 창제원리를 밝힌 문자 서적으로서 문화사적인 측면에서도 중요성이 인정되어 1997년 1월 유네스코 세계기록유산으로 선정되었다.

# 3. 훈민정음해례본 집필에 참여한 8 학사

## 1) 정인지(鄭麟趾) | 1396년(태조 5)~1478년(성종 9) |

본관은 하동. 자는 백저, 호는 학역재이고, 병조판서, 좌의정, 영의정 부사 등을 역임한 문신으로 유학과 전고에 밝아 조선 초기의 대표적 유학자의 한 사람으로 추앙되었다. 비록 큰 정치력은 발휘하지 못했으나 세종~문종 대에 국왕의 신임을 받으면서 문헌을 관장하고 역사·천문·역법·아악을 정리하였다. 이와 아울러 한글 창제에도 참여하는 등 문풍 육성과 제도 정비에 이바지하였다.

단종~성종 초에는 학덕을 갖춘 원로대신으로서의 풍도를 지킴으로써 빈번한 정변과 어린 국왕의 즉위로 인해 경직되고 혼란된 정치 분위기와 민심을 진정시키는 데 크게 이바지하였다. 저서로 『학역재집』이 있다. 시호는 문성이다.

1418년(세종 즉위년) 8월 병조좌랑을 거쳐 1421년(세종 3)에는 상왕[태종]의 "대임을 맡길만한 인물이니 중용하라."라는 요청과 함께 병조정랑에 승직 되었다. 이후 세종의 신임을 받으면서 이조·예조의 정랑을 역임하였다. 1424년 집현전관에 뽑히면서 응교에 제수되고, 직전에 승진되었다.

## 2) 최항(崔恒) | 1409년(태종 9)~1474년(성종 5) |

본관은 삭녕. 자는 정보, 호는 태허정·동량으로 우의정, 좌의정, 영의정 등을 역임한 문신이고 학자이다. 1434년(세종 16) 알성문과에 장원으로 급제, 집현전 부수찬이 되었다. 이 해 『자치통감 훈의』의 편찬에 참여했으며, 이어 박팽년·신숙주·성삼문 등과 같이 훈민정음 창제에 참여하였다.

1444년 집현전 교리로서 『오례의주』를 상정하는 일에 참여했으며, 같은 해 박팽년·신숙주·이개 등과 함께 『운회』를 국문으로 번역하였다.

1445년 집현전 응교로서 『용비어천가』를 짓는 일에 참여하고, 이어 『동국정운』·『훈민정음해례』 등을 찬진 하였다. 1447년 문과 중시에 5등으로 급제, 집현전 직제학 겸 세자우보덕에 임명되었다. 그 당시 세종은 세자(뒤의 문종)에게 섭정하게 했는데 이때 서연관으로서 정치에 보좌함이 컸다.

## 3) 박팽년(朴彭年) | 1417년(태종 17)~1456년(세조 2) |

　본관은 순천. 자는 인수, 호는 취금헌. 회덕 출신으로 사육신의 한 사람이고, 충청도 관찰사, 형조참판 등을 역임한 문신이다. 집현전 학사로서 세종과 문종의 깊은 총애를 받았을 뿐 아니라, '집대성'이라는 칭호를 받았다는 기록으로 보아 경국제세의 명문이 많았을 것으로 추측된다. 그러므로 문집이 전하지 않음은 매우 안타까운 일이 아닐 수 없다. 단종이 왕위를 잃게 되자, 두 임금을 섬길 수 없다는 대의를 위해 눈앞에 기약된 영화와 세조의 회유책을 감연히 거절하고 죽음과 멸문의 길을 서슴없이 걸어왔으니, 이와 같은 높은 절의는 오늘날까지 온 국민의 숭앙 대상이 되고 있다.

　묘는 서울 노량진 사육신 묘역에 있다. 묘에는 그저 박씨지묘라는 글만 표석에 새겨져 있다. 그 이유에 대해 허적은 "성삼문 등 육신이 죽은 뒤에 한 의사가 그들의 시신을 거둬 이곳 강남(노량진) 기슭에 묻었으며, 무덤 앞에 돌을 세우되 감히 이름을 쓰지 못하고 그저 '아무개 성의 묘'라고만 새겨놓았다."라고 설명하고 있다.


## 4) 신숙주(申叔舟) | 1417년(태종 17)~1475년(성종 6) |

　본관은 고령, 자는 범옹, 호는 희현당 또는 보한재이고, 조선 전기의 성리학자·문신·정치가이며 언어학자, 외교관이다. 집현전 수찬을 지내면서 그는 세종의 뜻을 받들어 훈민정음 창제와 연구에 심혈을 기울였다. 그는 세종의 명으로 성균관 주부인 성삼문 등과 함께 당시 죄를 짓고 만주의 요동에 귀양을 와 있었던 명나라의 한림학사 황찬을 만나 음운론과 인간의 발음, 언어에 대한 주요한 지식을 얻었고, 이후 13번이나 요동과 조선을 직접 왕래하면서 황찬을 찾아가 음운과 어휘에 관한 것을 의논하였다. 신숙주는 당대 최고의 언어학자였던 황찬이 그의 뛰어난 이해력에 감탄할 정도로 총명한 인물이었다.

　그는 이두는 물론 중국어·일본어·몽골어·여진어를 두루 구사하였는데, 훈민정음을 연구하는 과정에서 이들 언어를 비교 분석하고 조선인의 발음과 비교 분석하여 유사점과 차이점을 가려냈으며 천부적인 재능으로 세종대왕이 기획했던 말글 정책을 충실히 보필하였으며, 세종대왕이 1443년(세종 25)에 창제한 훈민정음의 해설서 집필에 참여하여 다른 일곱 학자와 함께 1446년(세종 28) 9월에 훈민정음해례본 편찬을 완료하였다.


## 5) 성삼문(成三問) | 1418년(태종 18)~1456년(세조 2) |

　본관은 창녕. 자는 근보, 호는 매죽헌이고, 충청남도 홍성 출신이며, 홍문관 수찬, 예조참의, 예방승지 등을 역임한 문신으로 사육신의 한 사람이다.

1435년(세종 17) 생원시에 합격하고, 1438년에는 식년 문과에 정과로 급제했으며, 1447년에 문과 중시에 장원으로 다시 급제하였다. 집현전 학사로 뽑혀 세종의 지극한 총애를 받으면서 홍문관 수찬·직집현전으로 승진하였다. 세종이 훈민정음 28자를 만들 때 정인지·최항·박팽년·신숙주·이개 등과 함께 이를 도왔다. 특히 신숙주와 같이 명나라 요동을 여러 번 왕래하면서, 그곳에 유배 중인 명나라의 한림학사 황찬을 만나 음운을 질문하였다. 또한, 명나라 사신을 따라 명나라에 가서 음운과 교장 제도를 연구해 와 1446년 9월 29일 역사적인 훈민정음을 반포하는 데 큰 공헌을 하였다. 특히 세종의 훈민정음 창제에 크게 공헌한 것은 높은 절의에 뒤지지 않는 큰 업적이라 할 수 있다. 뒷날 남효온은 『추강집』의 육신전에서 대의를 위해 흔연히 죽음의 길을 택한 성삼문의 높은 절개와 의리를 기록, 후세에 전하였다.


## 6) 강희안(姜希顔) | 1418년(태종 18)~1464년(세조 10) |

본관은 진주. 자는 경우, 호는 인재이고, 조선 전기 호조 참의, 황해도 관찰사 등을 역임한 문신이다. 1441년(세종 23)에 식년문과에 정과로 급제해 돈녕부 주부가 되었다. 1443년 정인지 등과 함께 세종이 지은 정음 28자에 대한 해석을 상세하게 덧붙였다.

1444년 최항·박팽년·신숙주와 함께 의사청에 나아가 언문으로 운회를 번역했고, 1445년에는 최항 등과 「용비어천가」의 주석을 붙였다. 1447년 이조정랑이 되었고, 같은 해 집현전 직제학 최항·성삼문·이개 등과 『동국정운』을 완성하였다. 1450년 왕이 위독하자 부지돈녕의 직에 있으면서 미타관음 등의 경문을 썼다. 1460년 호조 참의 겸 황해도 관찰사가 되었고, 1462년에 인순 부윤으로서 사은 부사가 되어 표·전을 받들고 명나라에 다녀왔으며, 1463년에 중추원부사가 되었다. 시와 글씨, 그림에 모두 뛰어나 '삼절'이라 불렸으며, 특히 전서·예서와 팔분에도 독보적인 경지를 이루었다.


## 7) 이개(李塏) | 1417년(태종 17)~1456년(세조 2) |

본관은 한산. 자는 청보·백고, 호는 백옥헌. 제6대 임금 단종을 위해 사절한 사육신의 한 사람이다. 태어나면서 글을 잘 지어 할아버지인 중추원사 이종선의 유풍이 있었다. 1436년(세종 18) 친시 문과에 동진사로 급제하고, 1441년에 집현전 저작랑으로서 당나라 명황의 사적을 적은 『명황계감』의 편찬과 훈민정음의 제정에도 참여하였다. 1444년 집현전 부수찬으로서 의사청에 나가 언문으로 『운회』를 번역하는 일에 참여해 세종으로부터 후한 상을 받았다. 1447년 중시 문과에 을과 1등으로 급제하고, 이 해에 『동국정운』의 편찬에 참여하였다.

이개의 작품으로는 몇 편의 시가 전하는데 대표적인 것으로, "방안에 켜져 있는 촛불 누구와 이별을 하였기에 겉으로 눈물 흘리고 속 타는 줄 모르던가 저 촛불 나와 같아 속 타는 줄 모르는구나."라는 단가가 있다.

## 8) 이선로(李善老) | ? ~ 1453년(단종 원년) |

본관은 강흥이고 이선로는 초명으로 이현로(李賢老)라는 이름으로 역사에 기록되어 있다. 조선의 문신, 시인, 서예가, 서화가, 무예가이다.

1431년 생원시에 합격하였으며 1438년 식년문과에 을과 급제하여 집현전 교리로 등용되었고 세종, 문종, 단종에 걸쳐 세 임금을 섬겼으며 나중에는 조선 세종대왕의 셋째아들이자 성녕대군(誠寧大君, 세종 임금의 동복아우)의 양자인 안평대군(安平大君)의 책사로도 활약했다. 1452년 9월 6일 수양대군이 자신의 부하들을 시켜 이현로를 야산으로 끌고 가서 폭행한 사건이 있었는데 이른바 이현로 폭행 사건이다.

이듬해 1453년 계유정난(癸酉靖難) 때 세종(1450년 붕어)의 둘째 아들 수양대군(首陽大君, 훗날 세조)이 보낸 수하들의 손에 암살되었다.

훈민정음 해례본

# 경필쓰기

나랏말ᄊᆞ미

異
잉
乎
ᅘᅩᆼ
中
듕
國
귁
ᄒᆞᆼ
야
라
異
잉
乎
ᅘᅩᆼ
ᄒᆞᆫ다
ᄅᆞᆯ
ᄊᆡ
아
모

# 訓民正音
훈 민 정 음

백성을 가르치는 바른 소리

| 訓 | 民 | 正 | 音 |
|---|---|---|---|
|   |   |   |   |

## 國 之 語 音 異 乎 中 國 與 文 字
국 지 어 음 이 호 중 국 여 문 자

나라의 말씀이 중국과 달라서, 문자로는

| 國 | 之 | 語 | 音 | 異 | 乎 | 中 | 國 | 與 | 文 | 字 |
|---|---|---|---|---|---|---|---|---|---|---|
|   |   |   |   |   |   |   |   |   |   |   |

## 不 相 流 通 故 愚 民 有 所 欲 言
불 상 유 통 고 우 민 유 소 욕 언

서로 통하지 아니하므로, 이런 까닭으로 어리석은 백성이 이르고자 하는 바가 있어도,

| 不 | 相 | 流 | 通 | 故 | 愚 | 民 | 有 | 所 | 欲 | 言 |
|---|---|---|---|---|---|---|---|---|---|---|
|   |   |   |   |   |   |   |   |   |   |   |

## 而 終 不 得 伸 其 情 者 多 矣 予
이 종 부 득 신 기 정 자 다 의 여

마침내 제 뜻을 나타내지 못하는 사람이 많다. 내가

| 而 | 終 | 不 | 得 | 伸 | 其 | 情 | 者 | 多 | 矣 | 予 |
|---|---|---|---|---|---|---|---|---|---|---|
|   |   |   |   |   |   |   |   |   |   |   |

| 爲 | 此 | 憫 | 然 | 新 | 制 | 二 | 十 | 八 | 字 | 欲 |
|---|---|---|---|---|---|---|---|---|---|---|
| 위 | 차 | 민 | 연 | 신 | 제 | 이 | 십 | 팔 | 자 | 욕 |

이를 위하여 불쌍히 여겨서, 새로 스물여덟 글자를 만드니,

| 爲 | 此 | 憫 | 然 | 新 | 制 | 二 | 十 | 八 | 字 | 欲 |
|---|---|---|---|---|---|---|---|---|---|---|
| | | | | | | | | | | |

| 使 | 人 | 人 | 易 | 習 | 便 | 於 | 日 | 用 | 耳 |
|---|---|---|---|---|---|---|---|---|---|
| 사 | 인 | 인 | 이 | 습 | 편 | 어 | 일 | 용 | 이 |

사람마다 하여금 쉽게 익혀서, 날마다 쓰기에 편하게 하고자 할 따름이니라.

| 使 | 人 | 人 | 易 | 習 | 便 | 於 | 日 | 用 | 耳 |
|---|---|---|---|---|---|---|---|---|---|
| | | | | | | | | | |

| ㄱ | 牙 | 音 | 如 | 君 | 字 | 初 | 發 | 聲 |
|---|---|---|---|---|---|---|---|---|
| | 아 | 음 | 여 | 군 | 자 | 초 | 발 | 성 |

ㄱ는 어금닛소리이니, 君(군)자의 처음 피어나는 소리 같으니

| ㄱ | 牙 | 音 | 如 | 君 | 字 | 初 | 發 | 聲 |
|---|---|---|---|---|---|---|---|---|
| | | | | | | | | |

| 並 | 書 | 如 | 虯 | 字 | 初 | 發 | 聲 |
|---|---|---|---|---|---|---|---|
| 병 | 서 | 여 | 규 | 자 | 초 | 발 | 성 |

나란히 쓰면 虯(끃) 자의 처음 피어나는 소리 같으니라.

| 並 | 書 | 如 | 虯 | 字 | 初 | 發 | 聲 |
|---|---|---|---|---|---|---|---|
| | | | | | | | |

| ㅋ | 牙 | 音 | 如 | 快 | 字 | 初 | 發 | 聲 |
|---|---|---|---|---|---|---|---|---|
| 아 | 음 | 여 | 쾌 | 자 | 초 | 발 | 성 | |

ㅋ는 어금닛소리이니, 快(쾡) 자의 처음 피어나는 소리 같으니라.

| ㅋ | 牙 | 音 | 如 | 快 | 字 | 初 | 發 | 聲 | |
|---|---|---|---|---|---|---|---|---|---|
| | | | | | | | | | |

| ㆁ | 牙 | 音 | 如 | 業 | 字 | 初 | 發 | 聲 |
|---|---|---|---|---|---|---|---|---|
| 아 | 음 | 여 | 업 | 자 | 초 | 발 | 성 | |

ㆁ는 어금닛소리이니, 業(업) 자의 처음 피어나는 소리 같으니라.

| ㆁ | 牙 | 音 | 如 | 業 | 字 | 初 | 發 | 聲 | |
|---|---|---|---|---|---|---|---|---|---|
| | | | | | | | | | |

| ㄷ | 舌 | 音 | 如 | 斗 | 字 | 初 | 發 | 聲 |
|---|---|---|---|---|---|---|---|---|
| 설 | 음 | 여 | 두 | 자 | 초 | 발 | 성 | |

ㄷ는 혓소리이니, 斗(둘) 자의 처음 피어나는 소리 같으니

| ㄷ | 舌 | 音 | 如 | 斗 | 字 | 初 | 發 | 聲 | |
|---|---|---|---|---|---|---|---|---|---|
| | | | | | | | | | |

| | 並 | 書 | 如 | 覃 | 字 | 初 | 發 | 聲 |
|---|---|---|---|---|---|---|---|---|
| | 병 | 서 | 여 | 담 | 자 | 초 | 발 | 성 |

나란히 쓰면 覃(땀) 자의 처음 피어나는 소리 같으니라.

| | 並 | 書 | 如 | 覃 | 字 | 初 | 發 | 聲 | |
|---|---|---|---|---|---|---|---|---|---|
| | | | | | | | | | |

| ㅌ | 舌 | 音 | 如 | 吞 | 字 | 初 | 發 | 聲 |
|---|---|---|---|---|---|---|---|---|
| | 설 | 음 | 여 | 탄 | 자 | 초 | 발 | 성 |

ㅌ는 혓소리이니, 呑(탄) 자의 처음 피어나는 소리 같으니라.

| ㅌ | 舌 | 音 | 如 | 吞 | 字 | 初 | 發 | 聲 | |
|---|---|---|---|---|---|---|---|---|---|
| | | | | | | | | | |

| ㄴ | 舌 | 音 | 如 | 那 | 字 | 初 | 發 | 聲 |
|---|---|---|---|---|---|---|---|---|
| | 설 | 음 | 여 | 나 | 자 | 초 | 발 | 성 |

ㄴ는 혓소리이니, 那(낭) 자의 처음 피어나는 소리 같으니라.

| ㄴ | 舌 | 音 | 如 | 那 | 字 | 初 | 發 | 聲 | |
|---|---|---|---|---|---|---|---|---|---|
| | | | | | | | | | |

| ㅂ | 脣 | 音 | 如 | 彆 | 字 | 初 | 發 | 聲 |
|---|---|---|---|---|---|---|---|---|
| | 순 | 음 | 여 | 별 | 자 | 초 | 발 | 성 |

ㅂ는 입술소리이니, 彆(병) 자의 처음 피어나는 소리 같으니

| ㅂ | 脣 | 音 | 如 | 彆 | 字 | 初 | 發 | 聲 | |
|---|---|---|---|---|---|---|---|---|---|
| | | | | | | | | | |

| 並 | 書 | 如 | 步 | 字 | 初 | 發 | 聲 |
|---|---|---|---|---|---|---|---|
| 병 | 서 | 여 | 보 | 자 | 초 | 발 | 성 |

나란히 쓰면 步(뽕) 자의 처음 피어나는 소리 같으니라.

| 並 | 書 | 如 | 步 | 字 | 初 | 發 | 聲 | |
|---|---|---|---|---|---|---|---|---|
| | | | | | | | | |

| ㅍ | 脣音 | 如 | 漂 | 字 | 初 | 發 | 聲 |
|---|---|---|---|---|---|---|---|
| 순 | 음 | 여 | 표 | 자 | 초 | 발 | 성 |

ㅍ는 입술소리이니, 漂(푱) 자의 처음 피어나는 소리 같으니라.

| ㅍ | 脣 | 音 | 如 | 漂 | 字 | 初 | 發 | 聲 | |
|---|---|---|---|---|---|---|---|---|---|
| | | | | | | | | | |

| ㅁ | 脣音 | 如 | 彌 | 字 | 初 | 發 | 聲 |
|---|---|---|---|---|---|---|---|
| 순 | 음 | 여 | 미 | 자 | 초 | 발 | 성 |

ㅁ는 입술소리이니, 彌(밍) 자의 처음 피어나는 소리 같으니라.

| ㅁ | 脣 | 音 | 如 | 彌 | 字 | 初 | 發 | 聲 | |
|---|---|---|---|---|---|---|---|---|---|
| | | | | | | | | | |

| ㅈ | 齒音 | 如 | 即 | 字 | 初 | 發 | 聲 |
|---|---|---|---|---|---|---|---|
| 치 | 음 | 여 | 즉 | 자 | 초 | 발 | 성 |

ㅈ는 잇소리이니, 即(즉) 자의 처음 피어나는 소리 같으니

| ㅈ | 齒 | 音 | 如 | 即 | 字 | 初 | 發 | 聲 | |
|---|---|---|---|---|---|---|---|---|---|
| | | | | | | | | | |

| | 並書 | 如 | 慈 | 字 | 初 | 發 | 聲 |
|---|---|---|---|---|---|---|---|
| 병 | 서 | 여 | 자 | 자 | 초 | 발 | 성 |

나란히 쓰면 慈(쫑) 자의 처음 피어나는 소리 같으니라.

| | 並 | 書 | 如 | 慈 | 字 | 初 | 發 | 聲 | |
|---|---|---|---|---|---|---|---|---|---|
| | | | | | | | | | |

大 齒 音 如 侵 字 初 發 聲
치 음 여 침 자 초 발 성

ᄎ는 잇소리이니, 侵(침) 자의 처음 피어나는 소리 같으니라.

| ᄎ | 齒 | 音 | 如 | 侵 | 字 | 初 | 發 | 聲 | |
|---|---|---|---|---|---|---|---|---|---|
| | | | | | | | | | |

ᄉ 齒 音 如 戌 字 初 發 聲
치 음 여 술 자 초 발 성

ᄉ는 잇소리이니, 戌(술) 자의 처음 피어나는 소리 같으니

| ᄉ | 齒 | 音 | 如 | 戌 | 字 | 初 | 發 | 聲 | |
|---|---|---|---|---|---|---|---|---|---|
| | | | | | | | | | |

並 書 如 邪 字 初 發 聲
병 서 여 사 자 초 발 성

나란히 쓰면 邪(쌍) 자의 처음 피어나는 소리 같으니라.

| 並 | 書 | 如 | 邪 | 字 | 初 | 發 | 聲 | |
|---|---|---|---|---|---|---|---|---|
| | | | | | | | | |

ᅙ 喉 音 如 挹 字 初 發 聲
후 음 여 읍 자 초 발 성

ᅙ는 목구멍소리이니, 挹(흡) 자의 처음 피어나는 소리 같으니라.

| ᅙ | 喉 | 音 | 如 | 挹 | 字 | 初 | 發 | 聲 | |
|---|---|---|---|---|---|---|---|---|---|
| | | | | | | | | | |

| ᅙ | 喉 | 音 | 如 | 虛 | 字 | 初 | 發 | 聲 |
|---|---|---|---|---|---|---|---|---|
| | 후 | 음 | 여 | 허 | 자 | 초 | 발 | 성 |

ᅙ는 목구멍소리이니, 虛(헝) 자의 처음 피어나는 소리 같으니

| ᅙ | 喉 | 音 | 如 | 虛 | 字 | 初 | 發 | 聲 |
|---|---|---|---|---|---|---|---|---|
| | | | | | | | | |

| 並 | 書 | 如 | 洪 | 字 | 初 | 發 | 聲 |
|---|---|---|---|---|---|---|---|
| 병 | 서 | 여 | 홍 | 자 | 초 | 발 | 성 |

나란히 쓰면 洪(薈) 자의 처음 피어나는 소리 같으니라.

| 並 | 書 | 如 | 洪 | 字 | 初 | 發 | 聲 |
|---|---|---|---|---|---|---|---|
| | | | | | | | |

| ㅇ | 喉 | 音 | 如 | 欲 | 字 | 初 | 發 | 聲 |
|---|---|---|---|---|---|---|---|---|
| | 후 | 음 | 여 | 욕 | 자 | 초 | 발 | 성 |

ㅇ는 목구멍소리이니, 欲(욕) 자의 처음 피어나는 소리 같으니라.

| ㅇ | 喉 | 音 | 如 | 欲 | 字 | 初 | 發 | 聲 |
|---|---|---|---|---|---|---|---|---|
| | | | | | | | | |

| ㄹ | 半 | 舌 | 音 | 如 | 閭 | 字 | 初 | 發 | 聲 |
|---|---|---|---|---|---|---|---|---|---|
| | 반 | 설 | 음 | 여 | 려 | 자 | 초 | 발 | 성 |

ㄹ는 반혓소리이니, 閭(령) 자의 처음 피어나는 소리 같으니라.

| ㄹ | 半 | 舌 | 音 | 如 | 閭 | 字 | 初 | 發 | 聲 |
|---|---|---|---|---|---|---|---|---|---|
| | | | | | | | | | |

| △ | 半 | 齒 | 音 | 如 | 穰 | 字 | 初 | 發 | 聲 |
|---|---|---|---|---|---|---|---|---|---|
| | 반 | 치 | 음 | 여 | 양 | 자 | 초 | 발 | 성 |

△는 반잇소리이니, 穰(양) 자의 처음 피어나는 소리 같으니라.

| △ | 半 | 齒 | 音 | 如 | 穰 | 字 | 初 | 發 | 聲 |
|---|---|---|---|---|---|---|---|---|---|
| | | | | | | | | | |

| • | 如 | 呑 | 字 | 中 | 聲 |
|---|---|---|---|---|---|
| | 여 | 탄 | 자 | 중 | 성 |

·는 呑(튼) 자의 가운뎃소리 같으니라.

| · | 如 | 呑 | 字 | 中 | 聲 |
|---|---|---|---|---|---|
| | | | | | |

| ― | 如 | 卽 | 字 | 中 | 聲 |
|---|---|---|---|---|---|
| | 여 | 즉 | 자 | 중 | 성 |

ㅡ는 卽(즉) 자의 가운뎃소리 같으니라.

| ― | 如 | 卽 | 字 | 中 | 聲 |
|---|---|---|---|---|---|
| | | | | | |

| ㅣ | 如 | 侵 | 字 | 中 | 聲 |
|---|---|---|---|---|---|
| | 여 | 침 | 자 | 중 | 성 |

ㅣ는 侵(침) 자의 가운뎃소리 같으니라.

| ㅣ | 如 | 侵 | 字 | 中 | 聲 |
|---|---|---|---|---|---|
| | | | | | |

| ㅗ | 如 | 洪 | 字 | 中 | 聲 |
|---|---|---|---|---|---|
| 여 | 홍 | 자 | 중 | 성 | |

ㅗ는 洪(ᅘᅩᆼ) 자의 가운뎃소리 같으니라.

| ㅗ | 如 | 洪 | 字 | 中 | 聲 | |
|---|---|---|---|---|---|---|
| | | | | | | |

| ㅏ | 如 | 覃 | 字 | 中 | 聲 |
|---|---|---|---|---|---|
| 여 | 담 | 자 | 중 | 성 | |

ㅏ는 覃(땀) 자의 가운뎃소리 같으니라.

| ㅏ | 如 | 覃 | 字 | 中 | 聲 | |
|---|---|---|---|---|---|---|
| | | | | | | |

| ㅜ | 如 | 君 | 字 | 中 | 聲 |
|---|---|---|---|---|---|
| 여 | 군 | 자 | 중 | 성 | |

ㅜ는 君(군) 자의 가운뎃소리 같으니라.

| ㅜ | 如 | 君 | 字 | 中 | 聲 | |
|---|---|---|---|---|---|---|
| | | | | | | |

| ㅓ | 如 | 業 | 字 | 中 | 聲 |
|---|---|---|---|---|---|
| 여 | 업 | 자 | 중 | 성 | |

ㅓ는 業(업) 자의 가운뎃소리 같으니라.

| ㅓ | 如 | 業 | 字 | 中 | 聲 | |
|---|---|---|---|---|---|---|
| | | | | | | |

## ㅛ 如 欲 字 中 聲
여 욕 자 중 성

ㅛ는 欲(욕) 자의 가운뎃소리 같으니라.

| ㅛ | 如 | 欲 | 字 | 中 | 聲 | |
|---|---|---|---|---|---|---|
| | | | | | | |

## ㅑ 如 穰 字 中 聲
여 양 자 중 성

ㅑ는 穰(샹) 자의 가운뎃소리 같으니라.

| ㅑ | 如 | 穰 | 字 | 中 | 聲 | |
|---|---|---|---|---|---|---|
| | | | | | | |

## ㅠ 如 戌 字 中 聲
여 슐 자 중 성

ㅠ는 戌(슗) 자의 가운뎃소리 같으니라.

| ㅠ | 如 | 戌 | 字 | 中 | 聲 | |
|---|---|---|---|---|---|---|
| | | | | | | |

## ㅕ 如 彆 字 中 聲
여 별 자 중 성

ㅕ는 彆(볋) 자의 가운뎃소리 같으니라.

| ㅕ | 如 | 彆 | 字 | 中 | 聲 | |
|---|---|---|---|---|---|---|
| | | | | | | |

| 終 | 聲 | 復 | 用 | 初 | 聲 | ○ | 連 | 書 | 脣 | 音 |
| 종 | 성 | 부 | 용 | 초 | 성 | | 연 | 서 | 순 | 음 |

끝소리는 첫소리를 다시 쓰느니라. ○를 입술소리의

| 終 | 聲 | 復 | 用 | 初 | 聲 | ○ | 連 | 書 | 脣 | 音 |
| | | | | | | | | | | |
| | | | | | | | | | | |

| 之 | 下 | 則 | 為 | 脣 | 輕 | 音 | 初 | 聲 | 合 | 用 |
| 지 | 하 | 즉 | 위 | 순 | 경 | 음 | 초 | 성 | 합 | 용 |

아래에 이어 쓰면 입술가벼운소리 되느니라. 첫소리를 어울려 쓸 때

| 之 | 下 | 則 | 為 | 脣 | 輕 | 音 | 初 | 聲 | 合 | 用 |
| | | | | | | | | | | |
| | | | | | | | | | | |

| 則 | 並 | 書 | 終 | 聲 | 同 | · | ─ | ㅗ | ㅜ | ㅛ |
| 즉 | 병 | 서 | 종 | 성 | 동 | | | | | |

나란히 쓰라. 끝소리도 마찬가지이다. ·와 ─와 ㅗ와 ㅜ와 ㅛ와

| 則 | 並 | 書 | 終 | 聲 | 同 | · | ─ | ㅗ | ㅜ | ㅛ |
| | | | | | | | | | | |
| | | | | | | | | | | |

| ㅠ | 附 | 書 | 初 | 聲 | 之 | 下 | ㅣ | ㅏ | ㅓ | ㅑ |
| | 부 | 서 | 초 | 성 | 지 | 하 | | | | |

ㅠ는 첫소리의 아래에 붙여 쓰고 ㅣ와 ㅏ와 ㅓ와 ㅑ와

| ㅠ | 附 | 書 | 初 | 聲 | 之 | 下 | ㅣ | ㅏ | ㅓ | ㅑ |
| | | | | | | | | | | |
| | | | | | | | | | | |

ㅕ 附 書 於 右 凡 字 必 合 而 成
부 서 어 우 범 자 필 합 이 성

ㅕ는 오른쪽에 붙여 쓰라. 무릇 글자는 반드시 합쳐져야

| ㅕ | 附 | 書 | 於 | 右 | 凡 | 字 | 必 | 合 | 而 | 成 |
|---|---|---|---|---|---|---|---|---|---|---|
|   |   |   |   |   |   |   |   |   |   |   |

音 左 加 一 點 則 去 聲 二 則 上
음 좌 가 일 점 즉 거 성 이 즉 상

소리(음절)를 이루나니. 왼쪽에 한 점을 더하면 곧 높은 소리요, 점이 둘이면

| 音 | 左 | 加 | 一 | 點 | 則 | 去 | 聲 | 二 | 則 | 上 |
|---|---|---|---|---|---|---|---|---|---|---|
|   |   |   |   |   |   |   |   |   |   |   |

聲 無 則 平 聲 入 聲 加 點 同 而
성 무 즉 평 성 입 성 가 점 동 이

처음이 낮고 나중이 높은 소리요, 없으면 낮고 평평한 소리요, 입성은 점을 더함은 같으나

| 聲 | 無 | 則 | 平 | 聲 | 入 | 聲 | 加 | 點 | 同 | 而 |
|---|---|---|---|---|---|---|---|---|---|---|
|   |   |   |   |   |   |   |   |   |   |   |

促 急
촉 급

빠르니라.

| 促 | 急 | |
|---|---|---|
|   |   | |

# 訓民正音解例

훈 민 정 음 해 례

훈민정음을 이해하기 쉽도록 예를 들어서 풀이함.

| 訓 | 民 | 正 | 音 | 解 | 例 |
|---|---|---|---|---|---|
|   |   |   |   |   |   |

## 制字解

제 자 해

새로 만든 글자의 원리와 방법, 특성 등을 설명한 풀이

| 制 | 字 | 解 |
|---|---|---|
|   |   |   |

天 地 之 道 一 陰 陽 五 行 而 已 坤 復

천 지 지 도 일 음 양 오 행 이 이 곤 복

천지의 도는 한 음양오행뿐이다. 坤(곤)[1]과 復(복)[2]의

| 天 | 地 | 之 | 道 | 一 | 陰 | 陽 | 五 | 行 | 而 | 已 | 坤 | 復 |
|---|---|---|---|---|---|---|---|---|---|---|---|---|
|   |   |   |   |   |   |   |   |   |   |   |   |   |

之 間 爲 太 極 而 動 靜 之 後 爲 陰 陽

지 간 위 태 극 이 동 정 지 후 위 음 양

사이가 태극이 되고, 움직이고 멈춘 뒤에 음양이 된다.

| 之 | 間 | 爲 | 太 | 極 | 而 | 動 | 靜 | 之 | 後 | 爲 | 陰 | 陽 |
|---|---|---|---|---|---|---|---|---|---|---|---|---|
|   |   |   |   |   |   |   |   |   |   |   |   |   |

凡 有 生 類 在 天 地 之 間 者 捨 陰 陽
범 유 생 류 재 천 지 지 간 자 사 음 양

무릇 천지 사이에 살고 있는 무리들이 음양을 버리고

凡 有 生 類 在 天 地 之 間 者 捨 陰 陽

而 何 之 故 人 之 聲 音 皆 有 陰 陽 之
이 하 지 고 인 지 성 음 개 유 음 양 지

어디로 갈 것인가? 그러므로 사람의 소리에도 모두 음양의

而 何 之 故 人 之 聲 音 皆 有 陰 陽 之

理 顧 人 不 察 耳 今 正 音 之 作 初 非
이 고 인 불 찰 이 금 정 음 지 작 초 비

이치가 있지만, 사람이 살피지 못할 따름이다. 이제 정음을 만든 것도, 처음부터

理 顧 人 不 察 耳 今 正 音 之 作 初 非

智 營 而 力 索 但 因 其 聲 音 而 極 其
지 영 이 력 색 단 인 기 성 음 이 극 기

지혜로 경영하고 힘써 찾은 것이 아니다. 다만, 그 말소리로 인하여 그

智 營 而 力 索 但 因 其 聲 音 而 極 其

理 而 已 理 既 不 二 則 何 得 不 與 天
이 이 이 이 기 불 이 즉 하 득 불 여 천

이치를 다할 따름이다. 이치가 이미 둘이 아니거늘, 어찌 능히 하늘과

理 而 已 理 既 不 二 則 何 得 不 與 天

地 鬼 神 同 其 用 也 正 音 二 十 八 字
지 귀 신 동 기 용 야 정 음 이 십 팔 자

땅과 귀신과 더불어 그 씀을 함께 하지 않을 수 있겠는가? 정음 스물여덟 글자는

地 鬼 神 同 其 用 也 正 音 二 十 八 字

各 象 其 形 而 制 之 初 聲 凡 十 七 字
각 상 기 형 이 제 지 초 성 범 십 칠 자

각각 다음과 같은 모양을 본떠서 만들었다. 첫소리는 무릇 열일곱 글자이다.

各 象 其 形 而 制 之 初 聲 凡 十 七 字

牙 音 ㄱ 象 舌 根 閉 喉 之 形 舌 音 ㄴ
아 음 상 설 근 폐 후 지 형 설 음

어금닛소리 ㄱ는 혀뿌리가 목구멍을 막는 모양을 본뜨고, 헛소리 ㄴ는

牙 音 ㄱ 象 舌 根 閉 喉 之 形 舌 音 ㄴ

象舌附上腭之形脣音ㅁ象口形

상 설 부 상 악 지 형 순 음 상 구 형

혀가 위턱(윗잇몸)에 붙는 모양을 본뜨고, 입술소리 ㅁ는 입 모양을 본뜨고,

象舌附上腭之形脣音ㅁ象口形

齒音ㅅ象齒形喉音ㅇ象喉形ㅋ

치 음 상 치 형 후 음 상 후 형

잇소리 ㅅ는 이빨 모양을 본뜨고, 목구멍소리 ㅇ는 목구멍 모양을 본떴다. ㅋ는

齒音ㅅ象齒形喉音ㅇ象喉形ㅋ

比ㄱ聲出稍厲故加畫ㄴ而ㄷㄷ

비 성 출 초 려 고 가 획 이

ㄱ에 비해 소리가 세게 나는 까닭으로 획을 더하였다. ㄴ에서 ㄷ, ㄷ에서

比ㄱ聲出稍厲故加畫ㄴ而ㄷㄷ

而ㅌㅁ而ㅂㅂ而ㅍㅅ而ㅈㅈ而

이 이 이 이 이

ㅌ, ㅁ에서 ㅂ, ㅂ에서 ㅍ, ㅅ에서 ㅈ, ㅈ에서

而ㅌㅁ而ㅂㅂ而ㅍㅅ而ㅈㅈ而

| 大 | ○ | 而 | ㆆ | ㅎ | 而 | ㆆ | 其 | 因 | 聲 | 加 | 畫 | 之 |
|---|---|---|---|---|---|---|---|---|---|---|---|---|
|  | 이 |  |  | 이 |  | 기 | 인 | 성 | 가 | 획 | 지 |  |

ㅊ, ㅇ에서 ㆆ, ㆆ에서 ㅎ로도, 그 소리를 바탕으로 획을 더한

| ㅊ | ㅇ | 而 | ㆆ | ㆆ | 而 | ㅎ | 其 | 因 | 聲 | 加 | 畫 | 之 |
|---|---|---|---|---|---|---|---|---|---|---|---|---|
|  |  |  |  |  |  |  |  |  |  |  |  |  |

| 義 | 皆 | 同 | 而 | 唯 | ㆁ | 為 | 異 | 半 | 舌 | 音 | ㄹ | 半 |
|---|---|---|---|---|---|---|---|---|---|---|---|---|
| 의 | 개 | 동 | 이 | 유 |  | 위 | 이 | 반 | 설 | 음 |  | 반 |

뜻은 모두 같으나, 오직 ㆁ만은 달리했다. 반혓소리 ㄹ, 반잇소리

| 義 | 皆 | 同 | 而 | 唯 | ㆁ | 為 | 異 | 半 | 舌 | 音 | ㄹ | 半 |
|---|---|---|---|---|---|---|---|---|---|---|---|---|
|  |  |  |  |  |  |  |  |  |  |  |  |  |

| 齒 | 音 | △ | 亦 | 象 | 舌 | 齒 | 之 | 形 | 而 | 異 | 其 | 體 |
|---|---|---|---|---|---|---|---|---|---|---|---|---|
| 치 | 음 |  | 역 | 상 | 설 | 치 | 지 | 형 | 이 | 이 | 기 | 체 |

△도 또한 혀와 이의 모양을 본떴으나 그 모양새를 달리해서,

| 齒 | 音 | △ | 亦 | 象 | 舌 | 齒 | 之 | 形 | 而 | 異 | 其 | 體 |
|---|---|---|---|---|---|---|---|---|---|---|---|---|
|  |  |  |  |  |  |  |  |  |  |  |  |  |

| 無 | 加 | 畫 | 之 | 義 | 焉 | 夫 | 人 | 之 | 有 | 聲 | 本 | 於 |
|---|---|---|---|---|---|---|---|---|---|---|---|---|
| 무 | 가 | 획 | 지 | 의 | 언 | 부 | 인 | 지 | 유 | 성 | 본 | 어 |

획을 더한 뜻은 없다. 대저 사람이 소리를 가짐은

| 無 | 加 | 畫 | 之 | 義 | 焉 | 夫 | 人 | 之 | 有 | 聲 | 本 | 於 |
|---|---|---|---|---|---|---|---|---|---|---|---|---|
|  |  |  |  |  |  |  |  |  |  |  |  |  |

五行故合諸四時而不悖叶之五
오 행 고 합 제 사 시 이 불 패 협 지 오

오행[3]에 근본을 두고 있다. 그러므로, 네 계절과 어울려 보아도 어그러지지 않고, 오음[4]에 맞추어도

| 五 | 行 | 故 | 合 | 諸 | 四 | 時 | 而 | 不 | 悖 | 叶 | 之 | 五 |
|---|---|---|---|---|---|---|---|---|---|---|---|---|
|   |   |   |   |   |   |   |   |   |   |   |   |   |

音而不戾喉邃而潤水也聲虛而
음 이 불 려 후 수 이 윤 수 야 성 허 이

어긋나지 않는다. 목구멍은 깊고 젖어 있으니, 물에 해당한다. 소리는 비어 있으면서

| 音 | 而 | 不 | 戾 | 喉 | 邃 | 而 | 潤 | 水 | 也 | 聲 | 虛 | 而 |
|---|---|---|---|---|---|---|---|---|---|---|---|---|
|   |   |   |   |   |   |   |   |   |   |   |   |   |

通如水之虛明而流通也於時為
통 여 수 지 허 명 이 유 통 야 어 시 위

통하니, 물이 투명하고 흘러 통하는 것과 같다. 계절로는

| 通 | 如 | 水 | 之 | 虛 | 明 | 而 | 流 | 通 | 也 | 於 | 時 | 為 |
|---|---|---|---|---|---|---|---|---|---|---|---|---|
|   |   |   |   |   |   |   |   |   |   |   |   |   |

冬於音為羽牙錯而長木也聲似
동 어 음 위 우 아 착 이 장 목 야 성 사

겨울이 되고, 소리로는 羽(우)[5]가 된다. 어금니는 어긋나고 기니, 나무에 해당한다. 소리는 마치

| 冬 | 於 | 音 | 為 | 羽 | 牙 | 錯 | 而 | 長 | 木 | 也 | 聲 | 似 |
|---|---|---|---|---|---|---|---|---|---|---|---|---|
|   |   |   |   |   |   |   |   |   |   |   |   |   |

喉而實如木之生於水而有形也
후 이 실 여 목 지 생 어 수 이 유 형 야

목구멍과 비슷하나 차 있으니, 나무가 물에서 나서 형체가 있는 것과 같다.

喉而實如木之生於水而有形也

於時爲春於音爲角舌銳而動火
어 시 위 춘 어 음 위 각 설 예 이 동 화

계절로는 봄이 되고, 소리로는 角(각)[6]이 된다. 혀는 날카로우면서 움직이니, 불에 해당한다.

於時爲春於音爲角舌銳而動火

也聲轉而颺如火之轉展而揚揚
야 성 전 이 양 여 화 지 전 전 이 양 양

소리가 구르고 날리니, 불이 구르고 퍼져 휘날리는 것과 같다.

也聲轉而颺如火之轉展而揚揚

也於時爲夏於音爲徵齒剛而斷
야 어 시 위 하 어 음 위 치 치 강 이 단

계절로는 여름이 되고, 소리로는 徵(치)[7]가 된다. 이는 단단하고 물건을 끊으니,

也於時爲夏於音爲徵齒剛而斷

金也聲屑而滯如金之屑瑣而鍛

금 야 성 설 이 체 여 금 지 설 쇄 이 단

쇠에 해당한다. 소리가 부스러지고 걸리니, 쇠가 부스러져 가루가 되고 단련되어

| 金 | 也 | 聲 | 屑 | 而 | 滯 | 如 | 金 | 之 | 屑 | 瑣 | 而 | 鍛 |
|---|---|---|---|---|---|---|---|---|---|---|---|---|
|   |   |   |   |   |   |   |   |   |   |   |   |   |

成也於時為秋於音為商脣方而

성 야 어 시 위 추 어 음 위 상 순 방 이

이루어지는 것과 같다. 계절로는 가을이 되고, 소리로는 商(상)[8]이 된다. 입술은 사각형이면서

| 成 | 也 | 於 | 時 | 為 | 秋 | 於 | 音 | 為 | 商 | 脣 | 方 | 而 |
|---|---|---|---|---|---|---|---|---|---|---|---|---|
|   |   |   |   |   |   |   |   |   |   |   |   |   |

合土也聲含而廣如土之含蓄萬

합 토 야 성 함 이 광 여 토 지 함 축 만

합해지니, 흙에 해당한다. 소리가 머금고 넓으니, 땅이 만물을 품어서

| 合 | 土 | 也 | 聲 | 含 | 而 | 廣 | 如 | 土 | 之 | 含 | 蓄 | 萬 |
|---|---|---|---|---|---|---|---|---|---|---|---|---|
|   |   |   |   |   |   |   |   |   |   |   |   |   |

物而廣大也於時為季夏於音為

물 이 광 대 야 어 시 위 계 하 어 음 위

넓고 큰 것과 같다. 계절로는 늦여름이 되고, 소리로는

| 物 | 而 | 廣 | 大 | 也 | 於 | 時 | 為 | 季 | 夏 | 於 | 音 | 為 |
|---|---|---|---|---|---|---|---|---|---|---|---|---|
|   |   |   |   |   |   |   |   |   |   |   |   |   |

宮 然 水 乃 生 物 之 源 火 乃 成 物 之
궁 연 수 내 생 물 지 원 화 내 성 물 지

宮(궁)[9]이 된다. 그러나 물은 만물을 낳는 근원이요, 불은 만물을 이루어 내는

宮 然 水 乃 生 物 之 源 火 乃 成 物 之

用 故 五 行 之 中 水 火 爲 大 喉 乃 出
용 고 오 행 지 중 수 화 위 대 후 내 출

작용을 한다. 그러므로 오행 중에서는 물과 불이 으뜸이 된다. 목구멍은

用 故 五 行 之 中 水 火 爲 大 喉 乃 出

聲 之 門 舌 乃 辨 聲 之 管 故 五 音 之
성 지 문 설 내 변 성 지 관 고 오 음 지

소리가 나오는 문이요, 혀는 소리를 변별해내는 기관이다. 그러므로 오음의

聲 之 門 舌 乃 辨 聲 之 管 故 五 音 之

中 喉 舌 爲 主 也 喉 居 後 而 牙 次 之
중 후 설 위 주 야 후 거 후 이 아 차 지

가운데에 목구멍소리와 혓소리가 주가 된다. 목구멍은 뒤에 있고 어금니는 그다음이니,

中 喉 舌 爲 主 也 喉 居 後 而 牙 次 之

北 東 之 位 也 舌 齒 又 次 之 南 西 之
북 동 지 위 야 설 치 우 차 지 남 서 지

북쪽과 동쪽의 방위다. 혀와 이는 그 앞에 있으니, 남쪽과 서쪽의

北 東 之 位 也 舌 齒 又 次 之 南 西 之

位 也 脣 居 末 土 無 定 位 而 寄 旺 四
위 야 순 거 말 토 무 정 위 이 기 왕 사

방위다. 입술은 끝에 있으니, 흙이 일정한 자리가 없어 네 계절에 기대어 왕성함을

位 也 脣 居 末 土 無 定 位 而 寄 旺 四

季 之 義 也 是 則 初 聲 之 中 自 有 陰
계 지 의 야 시 즉 초 성 지 중 자 유 음

뜻한다. 이는 곧 첫소리 가운데 스스로 음양,

季 之 義 也 是 則 初 聲 之 中 自 有 陰

陽 五 行 方 位 之 數 也 又 以 聲 音 清
양 오 행 방 위 지 수 야 우 이 성 음 청

오행, 방위의 수(數)가 있음이다. 또 소리의 청탁으로써

陽 五 行 方 位 之 數 也 又 以 聲 音 清

말하자면 ㄱ와 ㄷ와 ㅂ와 ㅈ와 ㅅ와 ㆆ는 전청[10]이 되고

| 濁 | 而 | 言 | 之 | ㄱ | ㄷ | ㅂ | ㅈ | ㅅ | ㆆ | 爲 | 全 | 清 |
|---|---|---|---|---|---|---|---|---|---|---|---|---|
|  |  |  |  |  |  |  |  |  |  |  |  |  |

ㅋㅌㅍㅊㅎ 爲次清 ㄲㄸㅃㅉㅆ
위 차 청

ㅋ와 ㅌ와 ㅍ와 ㅊ와 ㅎ는 차청[11]이 되고, ㄲ와 ㄸ와 ㅃ와 ㅉ와 ㅆ와

| ㅋ | ㅌ | ㅍ | ㅊ | ㅎ | 爲 | 次 | 清 | ㄲ | ㄸ | ㅃ | ㅉ | ㅆ |
|---|---|---|---|---|---|---|---|---|---|---|---|---|
|  |  |  |  |  |  |  |  |  |  |  |  |  |

ㆅ 爲全濁 ㆁㄴㅁㅇㄹㅿ 爲不清
위 전 탁　　　　　　　　위 불 청

ㆅ는 전탁[12]이 되고, ㆁ와 ㄴ와 ㅁ와 ㅇ와 ㄹ와 ㅿ는 불청

| ㆅ | 爲 | 全 | 濁 | ㆁ | ㄴ | ㅁ | ㅇ | ㄹ | ㅿ | 爲 | 不 | 清 |
|---|---|---|---|---|---|---|---|---|---|---|---|---|
|  |  |  |  |  |  |  |  |  |  |  |  |  |

不濁 ㄴㅁㅇ 其聲㝡不屬故次序
불 탁　　　　　기 성 최 불 려 고 차 서

불탁[13]이 되고, ㄴ와 ㅁ와 ㅇ는 그 소리가 가장 거세지 않다. 그러므로 순서가

| 不 | 濁 | ㄴ | ㅁ | ㅇ | 其 | 聲 | 最 | 不 | 屬 | 故 | 次 | 序 |
|---|---|---|---|---|---|---|---|---|---|---|---|---|
|  |  |  |  |  |  |  |  |  |  |  |  |  |

雖 在 於 後 而 象 形 制 字 則 為 之 始
수 재 어 후 이 상 형 제 자 즉 위 지 시

비록 뒤에 있으나, 모양을 본떠서 글자를 만듦에는 처음으로 두었다.

雖 在 於 後 而 象 形 制 字 則 為 之 始

ㅅ ㅈ 雖 皆 為 全 清 而 ㅅ 比 ㅈ 聲 不
수 개 위 전 청 이 비 성 불

ㅅ와 ㅈ는 비록 모두 전청이지만, ㅅ는 ㅈ에 비해서 소리가

ㅅ ㅈ 雖 皆 為 全 清 而 ㅅ 比 ㅈ 聲 不

屬 故 亦 為 制 字 之 始 唯 牙 之 ㆁ 雖
려 고 역 위 제 자 지 시 유 아 지 수

세지 않다. 그러므로 또한 글자를 만듦에 처음으로 두었다. 다만 어금닛소리의 ㆁ는 비록

屬 故 亦 為 制 字 之 始 唯 牙 之 ㆁ 雖

舌 根 閉 喉 聲 氣 出 鼻 而 其 聲 與 ㅇ
설 근 폐 후 성 기 출 비 이 기 성 여

혀뿌리가 목구멍을 닫고 소리의 기운이 코로 나오나, 그 소리가 ㅇ와

舌 根 閉 喉 聲 氣 出 鼻 而 其 聲 與 ㅇ

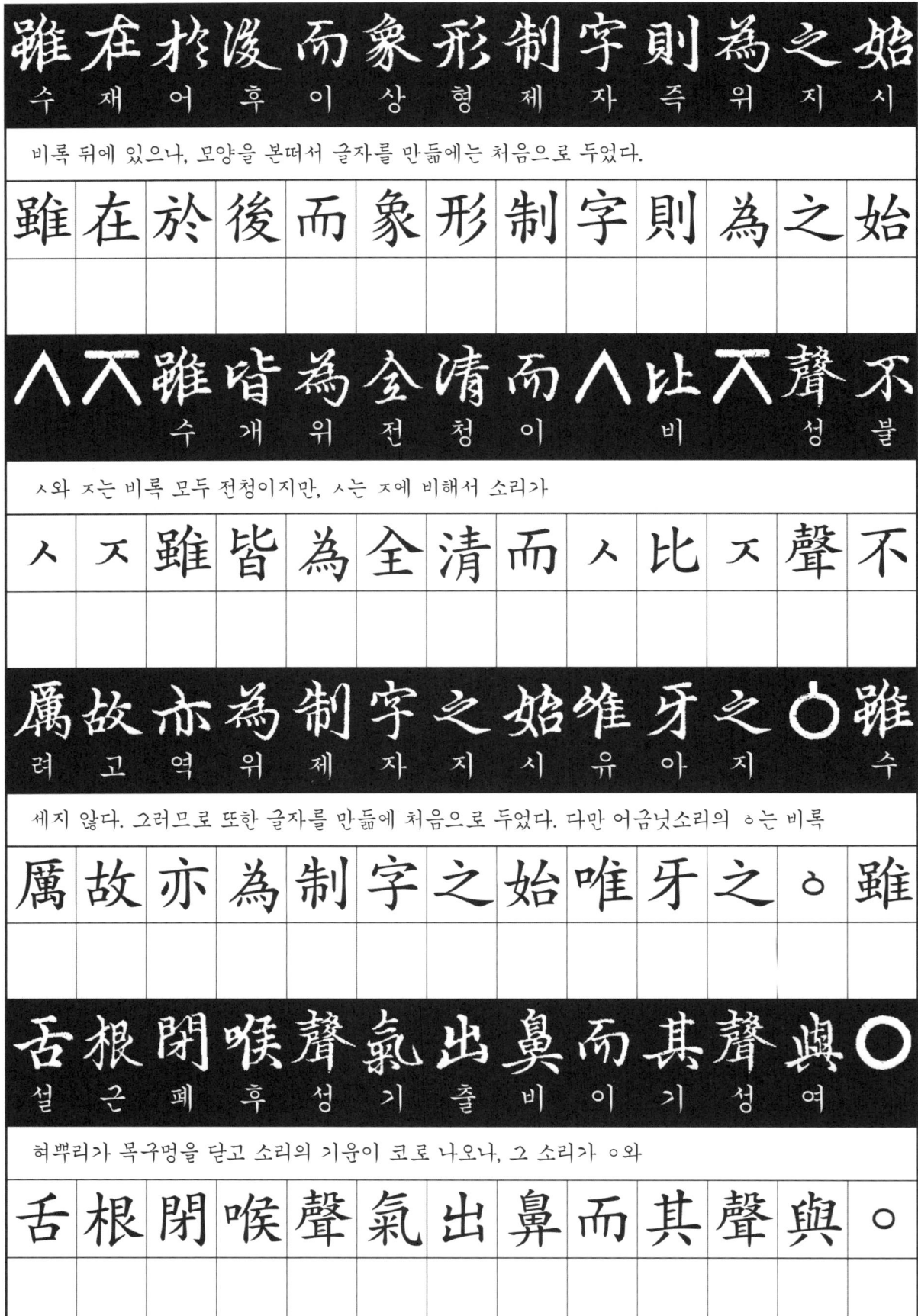

相 似 故 韻 書 疑 與 喻 多 相 混 用 今
상 사 고 운 서 의 여 유 다 상 혼 용 금

비슷하므로, 운서[14]도 疑(의)와 喻(유)와 자주 서로 혼용하며, 여기서도

| 相 | 似 | 故 | 韻 | 書 | 疑 | 與 | 喻 | 多 | 相 | 混 | 用 | 今 |
|---|---|---|---|---|---|---|---|---|---|---|---|---|
|   |   |   |   |   |   |   |   |   |   |   |   |   |

亦 取 象 於 喉 而 不 為 牙 音 制 字 之
역 취 상 어 후 이 불 위 아 음 제 자 지

또한 목구멍의 모양을 본뜬 것을 취하되, 어금닛소리를 만드는 처음으로 두지 않았다.

| 亦 | 取 | 象 | 於 | 喉 | 而 | 不 | 為 | 牙 | 音 | 制 | 字 | 之 |
|---|---|---|---|---|---|---|---|---|---|---|---|---|
|   |   |   |   |   |   |   |   |   |   |   |   |   |

始 盖 喉 属 水 而 牙 属 木 ㆁ 雖 在 牙
시 개 후 속 수 이 아 속 목 수 재 아

생각건대 목구멍은 물에 속하고 어금니는 나무에 속하므로 ㆁ가 비록 어금닛소리에 있지만

| 始 | 盖 | 喉 | 属 | 水 | 而 | 牙 | 属 | 木 | ㆁ | 雖 | 在 | 牙 |
|---|---|---|---|---|---|---|---|---|---|---|---|---|
|   |   |   |   |   |   |   |   |   |   |   |   |   |

而 與 ㆁ 相 似 猶 木 之 萌 芽 生 於 水
이 여 상 사 유 목 지 맹 아 생 어 수

ㆁ와 비슷한 것은, 마치 나무의 싹이 물에서 나와서

| 而 | 與 | ㆁ | 相 | 似 | 猶 | 木 | 之 | 萌 | 芽 | 生 | 於 | 水 |
|---|---|---|---|---|---|---|---|---|---|---|---|---|
|   |   |   |   |   |   |   |   |   |   |   |   |   |

| 而 | 柔 | 軟 | 尚 | 多 | 水 | 氣 | 也 | ㄱ | 木 | 之 | 成 | 質 |
|---|---|---|---|---|---|---|---|---|---|---|---|---|
| 이 | 유 | 연 | 상 | 다 | 수 | 기 | 야 | | 목 | 지 | 성 | 질 |

부드럽고 여려서, 아직 물기가 많은 것과 같다. ㄱ는 나무가 바탕을 이룬 것이요.

| 而 | 柔 | 軟 | 尚 | 多 | 水 | 氣 | 也 | ㄱ | 木 | 之 | 成 | 質 |
|---|---|---|---|---|---|---|---|---|---|---|---|---|
| | | | | | | | | | | | | |

| ㅋ | 木 | 之 | 盛 | 長 | ㄲ | 木 | 之 | 老 | 壯 | 故 | 至 | 此 |
|---|---|---|---|---|---|---|---|---|---|---|---|---|
| 목 | 지 | 성 | 장 | | 목 | 지 | 노 | 장 | 고 | 지 | 차 | |

ㅋ는 나무가 무성히 자란 것이며, ㄲ는 나무가 나이가 들어 장년이 된 것이므로, 이에 이르기까지

| ㅋ | 木 | 之 | 盛 | 長 | ㄲ | 木 | 之 | 老 | 壯 | 故 | 至 | 此 |
|---|---|---|---|---|---|---|---|---|---|---|---|---|
| | | | | | | | | | | | | |

| 乃 | 皆 | 取 | 象 | 於 | 牙 | 也 | 全 | 淸 | 並 | 書 | 則 | 爲 |
|---|---|---|---|---|---|---|---|---|---|---|---|---|
| 내 | 개 | 취 | 상 | 어 | 아 | 야 | 전 | 청 | 병 | 서 | 즉 | 위 |

모두 어금니의 모양을 취했다. 전청을 나란히 쓰면

| 乃 | 皆 | 取 | 象 | 於 | 牙 | 也 | 全 | 淸 | 並 | 書 | 則 | 爲 |
|---|---|---|---|---|---|---|---|---|---|---|---|---|
| | | | | | | | | | | | | |

| 全 | 濁 | 以 | 其 | 全 | 淸 | 之 | 聲 | 凝 | 則 | 爲 | 全 | 濁 |
|---|---|---|---|---|---|---|---|---|---|---|---|---|
| 전 | 탁 | 이 | 기 | 전 | 청 | 지 | 성 | 응 | 즉 | 위 | 전 | 탁 |

전탁이 된다. 그것은 전청의 소리가 엉기면 전탁이 되기 때문이다.

| 全 | 濁 | 以 | 其 | 全 | 淸 | 之 | 聲 | 凝 | 則 | 爲 | 全 | 濁 |
|---|---|---|---|---|---|---|---|---|---|---|---|---|
| | | | | | | | | | | | | |

也 唯 喉 音 次 清 為 全 濁 者 盖 以 ㆆ
야 유 후 음 차 청 위 전 탁 자 개 이

오직 목구멍소리만은 차청이 전탁이 되는 것은, 아마 ㆆ의

也 唯 喉 音 次 清 為 全 濁 者 盖 以 ㆆ

聲 深 不 為 之 凝 ㆆ 比 ㅇ 聲 淺 故 凝
성 심 불 위 지 응 비 성 천 고 응

소리가 깊어서 엉기지 않고, ㆆ는 ㅇ에 비해 소리가 얕다. 그러므로 엉기어

聲 深 不 為 之 凝 ㆆ 比 ㅇ 聲 淺 故 凝

而 為 全 濁 也 ㅇ 連 書 脣 音 之 下 則
이 위 전 탁 야 연 서 순 음 지 하 즉

전탁이 되는 것이다. ㅇ를 입술소리 아래에 이어 쓰면

而 為 全 濁 也 ㅇ 連 書 脣 音 之 下 則

為 脣 輕 音 者 以 輕 音 脣 乍 合 而 喉
위 순 경 음 자 이 경 음 순 사 합 이 후

입술 가벼운 소리가 되는 것은, 가벼운 소리로서 입술이 잠깐 합쳐지고 목구멍

為 脣 輕 音 者 以 輕 音 脣 乍 合 而 喉

聲多也中聲凡十一字・舌縮而
성 다 야 중 성 범 십 일 자 ・ 설 축 이

소리가 많기 때문이다. 가운뎃소리는 무릇 열한 글자이다. ・는 혀가 오그라져서

聲多也中聲凡十一字・舌縮而

聲深天開於子也形之圓象乎天
성 심 천 개 어 자 야 형 지 원 상 호 천

소리가 깊으니, 하늘이 子時(자시)[15]에 열린 것이다. 모양이 둥근 것은 하늘을 본뜬 것이다.

聲深天開於子也形之圓象乎天

也一舌小縮而聲不深不淺地闢
야 설 소 축 이 성 불 심 불 천 지 벽

一는 혀가 조금 오그라져 소리가 깊지도 얕지도 않으니, 땅이

也一舌小縮而聲不深不淺地闢

於丑也形之平象乎地也丨舌不
어 축 야 형 지 평 상 호 지 야 설 불

丑時(축시)[16]에 열린 것이다. 모양이 평평한 것은 땅을 본뜬 것이다. 丨는 혀가

於丑也形之平象乎地也丨舌不

縮而聲淺人生於寅也形之立象
축 이 성 천 인 생 어 인 야 형 지 입 상

오그라지지 않아 소리가 얕으니, 사람이 寅時(인시)[17]에 생긴 것이다. 모양이 서 있음은

| 縮 | 而 | 聲 | 淺 | 人 | 生 | 於 | 寅 | 也 | 形 | 之 | 立 | 象 |
|---|---|---|---|---|---|---|---|---|---|---|---|---|
|   |   |   |   |   |   |   |   |   |   |   |   |   |

乎人也此下八聲一闔一闢·與
호 인 야 차 하 팔 성 일 합 일 벽 여

사람을 본뜬 것이다. 이 아래의 여덟 소리는 하나는 닫힘이며 하나는 열림이다. ·와

| 乎 | 人 | 也 | 此 | 下 | 八 | 聲 | 一 | 闔 | 一 | 闢 | · | 與 |
|---|---|---|---|---|---|---|---|---|---|---|---|---|
|   |   |   |   |   |   |   |   |   |   |   |   |   |

·同而口蹙其形則·與一合而
동 이 구 축 기 형 즉 여 합 이

·는 같으나 입이 오므려지고, 그 모양은 ·가 一와 합하여져서

| · | 同 | 而 | 口 | 蹙 | 其 | 形 | 則 | · | 與 | 一 | 合 | 而 |
|---|---|---|---|---|---|---|---|---|---|---|---|---|
|   |   |   |   |   |   |   |   |   |   |   |   |   |

成取天地初交之義也ㅏ與·同
성 취 천 지 초 교 지 의 야 여 동

이룸이며, 하늘과 땅이 처음으로 사귄다는 뜻을 취하였다. ㅏ는 ·와 같으나

| 成 | 取 | 天 | 地 | 初 | 交 | 之 | 義 | 也 | ㅏ | 與 | · | 同 |
|---|---|---|---|---|---|---|---|---|---|---|---|---|
|   |   |   |   |   |   |   |   |   |   |   |   |   |

而口張其形則丨與·合而成㐬
이 구 장 기 형 즉 여 합 이 성 취

입이 벌어지고, 그 모양은 丨가 ·와 합하여져서 이루어졌으며,

| 而 | 口 | 張 | 其 | 形 | 則 | 丨 | 與 | · | 合 | 而 | 成 | 取 |
|---|---|---|---|---|---|---|---|---|---|---|---|---|
|  |  |  |  |  |  |  |  |  |  |  |  |  |

天地之用發於事物待人而成也
천 지 지 용 발 어 사 물 대 인 이 성 야

천지의 작용이 사물에서 피어나서 사람을 기다려서 이루어짐을 취하였다.

| 天 | 地 | 之 | 用 | 發 | 於 | 事 | 物 | 待 | 人 | 而 | 成 | 也 |
|---|---|---|---|---|---|---|---|---|---|---|---|---|
|  |  |  |  |  |  |  |  |  |  |  |  |  |

·與一同而口蹙其形則一與·
여 동 이 구 축 기 형 즉 여

·는 一와 같으나 입이 오므려지고, 그 모양이 一가 ·와

| · | 與 | 一 | 同 | 而 | 口 | 蹙 | 其 | 形 | 則 | 一 | 與 | · |
|---|---|---|---|---|---|---|---|---|---|---|---|---|
|  |  |  |  |  |  |  |  |  |  |  |  |  |

合而成亦㐬天地初交之義也ㅓ
합 이 성 역 취 천 지 초 교 지 의 야

합하여져서 이루어졌으며, 역시 하늘과 땅이 처음으로 사귄다는 뜻을 취하였다. ㅓ는

| 合 | 而 | 成 | 亦 | 取 | 天 | 地 | 初 | 交 | 之 | 義 | 也 | ㅓ |
|---|---|---|---|---|---|---|---|---|---|---|---|---|
|  |  |  |  |  |  |  |  |  |  |  |  |  |

| 與 | 一 | 同 | 而 | 口 | 張 | 其 | 形 | 則 | · | 與 | ㅣ | 合 |
|---|---|---|---|---|---|---|---|---|---|---|---|---|
| 여 | | 동 | 이 | 구 | 장 | 기 | 형 | 즉 | | 여 | | 합 |

一와 같으나 입이 벌어지고, 그 모양은 ·와 ㅣ가 합하여져서

| 與 | 一 | 同 | 而 | 口 | 張 | 其 | 形 | 則 | · | 與 | ㅣ | 合 |
|---|---|---|---|---|---|---|---|---|---|---|---|---|
| | | | | | | | | | | | | |

| 而 | 成 | 亦 | 取 | 天 | 地 | 之 | 用 | 發 | 於 | 事 | 物 | 待 |
|---|---|---|---|---|---|---|---|---|---|---|---|---|
| 이 | 성 | 역 | 취 | 천 | 지 | 지 | 용 | 발 | 어 | 사 | 물 | 대 |

이루어졌으며, 역시 천지의 작용이 사물에서 발해

| 而 | 成 | 亦 | 取 | 天 | 地 | 之 | 用 | 發 | 於 | 事 | 物 | 待 |
|---|---|---|---|---|---|---|---|---|---|---|---|---|
| | | | | | | | | | | | | |

| 人 | 而 | 成 | 也 | ⠾ | 與 | ᅳ | 同 | 而 | 起 | 於 | ㅣ | ㅑ |
|---|---|---|---|---|---|---|---|---|---|---|---|---|
| 인 | 이 | 성 | 야 | | 여 | | 동 | 이 | 기 | 어 | | |

사람을 기다려서 이루어짐을 취하였다. ⠾는 ᅳ와 같으나 ㅣ에서 일어나고, ㅑ는

| 人 | 而 | 成 | 也 | ⠾ | 與 | ᅳ | 同 | 而 | 起 | 於 | ㅣ | ㅑ |
|---|---|---|---|---|---|---|---|---|---|---|---|---|
| | | | | | | | | | | | | |

| 與 | ㅏ | 同 | 而 | 起 | 於 | ㅣ | ⠴ | 與 | ᅳ | 同 | 而 | 起 |
|---|---|---|---|---|---|---|---|---|---|---|---|---|
| 여 | | 동 | 이 | 기 | 어 | | | 여 | | 동 | 이 | 기 |

ㅏ와 같으나 ㅣ에서 일어나고, ⠴는 ᅳ와 같으나

| 與 | ㅏ | 同 | 而 | 起 | 於 | ㅣ | ⠴ | 與 | ᅳ | 同 | 而 | 起 |
|---|---|---|---|---|---|---|---|---|---|---|---|---|
| | | | | | | | | | | | | |

於 ㅣ ㅕ 與 ㅓ 同 而 起 於 ㅣ ㆍㆍ ㅏ ㅡ
어　　　여　　　동　이　기　어

ㅣ에서 일어나고, ㅕ는 ㅓ와 같으나 ㅣ에서 일어난다. ㅡ와 ㅏ와 ㅡ와

於 ㅣ ㅕ 與 ㅓ 同 而 起 於 ㅣ ㅡ ㅏ ㆍ

ㅓ 始 於 天 地 爲 初 出 也 ㅛ ㅑ ㅠ ㅕ
시　어　천　지　위　초　출　야

ㅓ는 하늘과 땅에서 비롯하니, 처음 나온 것이 된다. ㅛ와 ㅑ와 ㅠ와 ㅕ는

ㅓ 始 於 天 地 爲 初 出 也 ㅛ ㅑ ㅠ ㅕ

起 於 ㅣ 而 兼 乎 人 爲 再 出 也 ㅛ ㅏ
기　어　　이　겸　호　인　위　재　출　야

ㅣ에서 일어나서 사람을 겸하니, 두 번째 나온 것이 된다. ㅛ와 ㅏ와

起 於 ㅣ 而 兼 乎 人 爲 再 出 也 ㅛ ㅏ

ㅡ ㅓ 之 一 其 圓 者 象 其 初 生 之 義
지　일　기　원　자　취　기　초　생　지　의

ㅡ와 ㅓ의 둥근 점이 하나인 것은, 처음에 생긴 뜻을 취한 것이다.

ㅡ ㅓ 之 一 其 圓 者 取 其 初 生 之 義

也 ㅛ ㅑ ㅠ ㅕ 之 二 其 圓 者 象 其 再
야　　　　　　　지 이 기 원 자 취 기 재

ㅛ와 ㅑ와 ㅠ와 ㅕ의 둥근 점이 둘인 것은, 두 번째로

也 ㅛ ㅑ ㅠ ㅕ 之 二 其 圓 者 取 其 再

生 之 義 也 ㅗ ㅏ ㅛ ㅑ 之 圓 居 上 與
생 지 의 야　　　　　　지 원 거 상 여

생긴 뜻을 취함이다. ㅗ와 ㅏ와 ㅛ와 ㅑ의 둥근 점이 위와

生 之 義 也 ㅗ ㅏ ㅛ ㅑ 之 圓 居 上 與

外 者 以 其 出 於 天 而 為 陽 也 ㅜ ㅓ
외 자 이 기 출 어 천 이 위 양 야

밖에 있는 것은, 그것이 하늘에서 나와서 양이 되기 때문이며, ㅜ와 ㅓ와

外 者 以 其 出 於 天 而 為 陽 也 ㅜ ㅓ

ㅠ ㅕ 之 圓 居 下 與 內 者 以 其 出 於
지 원 거 하 여 내 자 이 기 출 어

ㅠ와 ㅕ의 둥근 점이 아래와 안에 있는 것은, 그것이

ㅠ ㅕ 之 圓 居 下 與 內 者 以 其 出 於

地而爲陰也 ‧ 之貫於八聲者猶
지 이 위 음 야　지 관 어 팔 성 자 유

땅에서 나와서 음이 되기 때문이다. ‧가 여덟 소리에 일관됨은, 마치

| 地 | 而 | 爲 | 陰 | 也 | ‧ | 之 | 貫 | 於 | 八 | 聲 | 者 | 猶 |
|---|---|---|---|---|---|---|---|---|---|---|---|---|
|  |  |  |  |  |  |  |  |  |  |  |  |  |

陽之統陰而周流萬物也ㅛㅑㅠ
양 지 통 음 이 주 류 만 물 야

양이 음을 거느려서 만물에 두루 흐름과 같다. ㅛ와 ㅑ와 ㅠ와

| 陽 | 之 | 統 | 陰 | 而 | 周 | 流 | 萬 | 物 | 也 | ㅛ | ㅑ | ㅠ |
|---|---|---|---|---|---|---|---|---|---|---|---|---|
|  |  |  |  |  |  |  |  |  |  |  |  |  |

ㅕ之皆兼乎人者以人爲萬物之
지 개 겸 호 인 자 이 인 위 만 물 지

ㅕ가 모두 사람을 겸한 것은, 사람이 만물의

| ㅕ | 之 | 皆 | 兼 | 乎 | 人 | 者 | 以 | 人 | 爲 | 萬 | 物 | 之 |
|---|---|---|---|---|---|---|---|---|---|---|---|---|
|  |  |  |  |  |  |  |  |  |  |  |  |  |

靈而能參兩儀也取象於天地人
영 이 능 참 양 의 야 취 상 어 천 지 인

영장[18]으로 능히 음양에 참여하기 때문이다. 하늘, 땅, 사람을 본뜬 것을 취하여

| 靈 | 而 | 能 | 參 | 兩 | 儀 | 也 | 取 | 象 | 於 | 天 | 地 | 人 |
|---|---|---|---|---|---|---|---|---|---|---|---|---|
|  |  |  |  |  |  |  |  |  |  |  |  |  |

而三才之道備矣然三才爲萬物
이 삼 재 지 도 비 의 연 삼 재 위 만 물

삼재(三才)[19]의 도리가 갖추어졌다. 그러나 삼재는 만물의

| 而 | 三 | 才 | 之 | 道 | 備 | 矣 | 然 | 三 | 才 | 爲 | 萬 | 物 |
|---|---|---|---|---|---|---|---|---|---|---|---|---|
|   |   |   |   |   |   |   |   |   |   |   |   |   |

之先而天又爲三才之始猶 · 一
지 선 이 천 우 위 삼 재 지 시 유

앞섬이 되고, 하늘은 또한 삼재의 근원이니, 마치 · 와 一와

| 之 | 先 | 而 | 天 | 又 | 爲 | 三 | 才 | 之 | 始 | 猶 | · | 一 |
|---|---|---|---|---|---|---|---|---|---|---|---|---|
|   |   |   |   |   |   |   |   |   |   |   |   |   |

丨三字爲八聲之首而 · 又爲三
삼 자 위 팔 성 지 수 이 우 위 삼

丨 세 글자가 여덟 글자의 우두머리가 되고, · 또한 세

| 丨 | 三 | 字 | 爲 | 八 | 聲 | 之 | 首 | 而 | · | 又 | 爲 | 三 |
|---|---|---|---|---|---|---|---|---|---|---|---|---|
|   |   |   |   |   |   |   |   |   |   |   |   |   |

字之冠也 ㅡ 初生於天天一生水
자 지 관 야 초 생 어 천 천 일 생 수

글자의 으뜸이 되는 것과 같다. ㅡ는 처음으로 하늘에서 생겨나니, 天 一이고 물을 낳는

| 字 | 之 | 冠 | 也 | ㅡ | 初 | 生 | 於 | 天 | 天 | 一 | 生 | 水 |
|---|---|---|---|---|---|---|---|---|---|---|---|---|
|   |   |   |   |   |   |   |   |   |   |   |   |   |

之爲也ㅏ次之天三生木之爲也
지 위 야　　차 지 천 삼 생 목 지 위 야

자리이다. ㅏ는 그다음이니, 天 三이고 나무를 낳는 자리다.

之 爲 也 ㅏ 次 之 天 三 生 木 之 爲 也

ㅜ初生於地地二生火之位也ㅓ
초 생 어 지 지 이 생 화 지 위 야

ㅜ는 처음으로 땅에서 생겨나니, 地 二이고 불을 낳는 자리다. ㅓ는

ㅜ 初 生 於 地 地 二 生 火 之 位 也 ㅓ

次之地四生金之爲也ㅗ再生於
차 지 지 사 생 금 지 위 야　　재 생 어

그다음이니, 地 四이고 쇠를 낳는 자리다. ㅗ는 두 번째로

次 之 地 四 生 金 之 爲 也 ㅗ 再 生 於

天天七成火之數也ㅑ次之天九
천 천 칠 성 화 지 수 야　　차 지 천 구

하늘에서 생겨나니, 天 七이고 불을 이루어 내는 수이다. ㅑ는 그다음이니, 天 九이고

天 天 七 成 火 之 數 也 ㅑ 次 之 天 九

成 金 之 數 也 ㅛ 再 生 於 地 地 六 成
성 금 지 수 야 　 재 생 어 지 지 육 성

쇠를 이루어 내는 수이다. ㅛ는 두 번째로 땅에서 생겨나니, 地六이고

成 金 之 數 也 ㅛ 再 生 於 地 地 六 成

水 之 數 也 ㅕ 次 之 地 八 成 木 之 數
수 지 수 야 　 차 지 지 팔 성 목 지 수

물을 이루어 내는 수이다. ㅕ는 그다음이니, 地八이고 나무를 이루어 내는 수이다.

水 之 數 也 ㅕ 次 之 地 八 成 木 之 數

也 水 火 未 離 乎 氣 陰 陽 交 合 之 初
야 수 화 미 이 호 기 음 양 교 합 지 초

물과 불은 아직 氣에서 벗어나지 못하여, 음양이 사귀어 어우르는 시초이다.

也 水 火 未 離 乎 氣 陰 陽 交 合 之 初

故 闔 木 金 陰 陽 之 定 質 故 闢 · 天
고 합 목 금 음 양 지 정 질 고 벽 　 천

그러므로 (입이) 닫힌다. 나무와 쇠는 음양이 고정된 바탕이다. 그러므로, 열린다. ·는 天

故 闔 木 金 陰 陽 之 定 質 故 闢 · 天

五生土之位也一地十成土之數
오 생 토 지 위 야 지 십 성 토 지 수

五이고 흙을 낳는 자리이다. 一는 地 十이고 흙을 이루어 내는 수이다.

五 生 土 之 位 也 一 地 十 成 土 之 數

也丨獨無爲數者盍以人則無撼
야 독 무 위 수 자 개 이 인 즉 무 극

丨만 홀로 자리와 수가 없는 것은, 아마 사람은 무극[20]의

也 丨 獨 無 爲 數 者 盖 以 人 則 無 極

之眞二五之精妙合而凝固未可
지 진 이 오 지 정 묘 합 이 응 고 미 가

진리와 음양오행의 정수[21]가 묘하게 합하고 엉기어서, 본디 자리를

之 眞 二 五 之 精 妙 合 而 凝 固 未 可

以定位成數論也是則中聲之中
이 정 위 성 수 논 야 시 즉 중 성 지 중

정하고 수를 이루어 냄으로써 논할 수 없음일 것이다. 이는 곧 가운뎃소리 가운데에도

以 定 位 成 數 論 也 是 則 中 聲 之 中

亦 自 有 陰 陽 五 行 方 位 之 數 也 以
역 자 유 음 양 오 행 방 위 지 수 야 이

또한 스스로 음양 · 오행 · 방위의 수가 있음이다.

亦 自 有 陰 陽 五 行 方 位 之 數 也 以

初 聲 對 中 聲 而 言 之 陰 陽 天 道 也
초 성 대 중 성 이 언 지 음 양 천 도 야

첫소리로써 가운뎃소리에 대해 말하자면, 음과 양은 하늘의 도리이고,

初 聲 對 中 聲 而 言 之 陰 陽 天 道 也

剛 柔 地 道 也 中 聲 者 一 深 一 淺 一
강 유 지 도 야 중 성 자 일 심 일 천 일

단단함과 부드러움은 땅의 도리이다. 가운뎃소리란, 하나가 깊으면 하나는 얕고, 하나가

剛 柔 地 道 也 中 聲 者 一 深 一 淺 一

闔 一 闢 是 則 陰 陽 分 而 五 行 之 氣
합 일 벽 시 즉 음 양 분 이 오 행 지 기

닫히면 하나가 열리니, 이는 곧 음양이 나뉘고 오행의 기운이

闔 一 闢 是 則 陰 陽 分 而 五 行 之 氣

具焉天之用也初聲者或虛或實
구 언 천 지 용 야 초 성 자 혹 허 혹 실

갖추어짐이니, 하늘의 작용이다. 첫소리란, 어떤 것은 비어있고, 어떤 것은 차 있으며,

具焉天之用也初聲者或虛或實

或颺或滯或重若輕是則剛柔著
혹 양 혹 체 혹 중 약 경 시 즉 강 유 저

어떤 것은 날리고, 어떤 것은 걸리며, 어떤 것은 무겁거나 가벼우니, 이는 곧 단단함과 부드러움이 나타나서

或颺或滯或重若輕是則剛柔著

而五行之質成焉地之功也中聲
이 오 행 지 질 성 언 지 지 공 야 중 성

오행의 바탕을 이룸이니, 땅의 공로이다. 가운뎃소리가

而五行之質成焉地之功也中聲

以深淺闔闢唱之於前初聲以五
이 심 천 합 벽 창 지 어 전 초 성 이 오

깊고 얕음과 오므려지고 펴짐으로써 앞에서 부르면, 첫소리가 오음과

以深淺闔闢唱之於前初聲以五

音清濁和之於後而爲初亦爲終
음 청 탁 화 지 어 후 이 위 초 역 위 종

청탁으로써 뒤에서 화답하여, 첫소리가 되고 또 끝소리가 된다.

音 清 濁 和 之 於 後 而 爲 初 亦 爲 終

亦可見萬物初生於地復歸於地
역 가 견 만 물 초 생 어 지 복 귀 어 지

또한, 만물이 처음 땅에서 나서 다시 땅으로 돌아감을 볼 수

亦 可 見 萬 物 初 生 於 地 復 歸 於 地

也以初中終合成之字言之亦有
야 이 초 중 종 합 성 지 자 언 지 역 유

있다. 첫소리·가운뎃소리·끝소리가 합하여 이룬 글자로써 말하자면, 또한

也 以 初 中 終 合 成 之 字 言 之 亦 有

動静互根陰陽交變之義焉動者
동 정 호 근 음 양 교 변 지 의 언 동 자

움직임과 멈추어 있음이 서로 근본이 되고 음과 양이 서로 바뀌는 뜻이 있는 것이다. 움직이는 것은

動 静 互 根 陰 陽 交 變 之 義 焉 動 者

天也静者地也兼互動静者人也
천 야 정 자 지 야 겸 호 동 정 자 인 야

하늘이요, 멈추어 있는 것은 땅이요, 움직임과 멈추어 있음을 겸한 것은 사람이다.

天也静者地也兼互動静者人也

盖五行在天則神之運也在地則
개 오 행 재 천 즉 신 지 운 야 재 지 즉

생각건대, 오행이 하늘에 있어서는 신의 운행이요, 땅에 있어서는

盖五行在天則神之運也在地則

質之成也在人則仁禮信義智神
질 지 성 야 재 인 즉 인 예 신 의 지 신

바탕의 이룸이요, 사람에 있어서는 인·예·신·의·지는 신의

質之成也在人則仁禮信義智神

之運也肝心脾肺腎質之成也初
지 운 야 간 심 비 폐 신 질 지 성 야 초

운행이요, 간장·심장·비장·폐장·신장은 바탕의 이룸이다. 첫소리는

之運也肝心脾肺腎質之成也初

聲 有 發 動 之 義 天 之 事 也 終 聲 有
성 유 발 동 지 의 천 지 사 야 종 성 유

발하여 움직이는 뜻이 있으니, 하늘의 일이다. 끝소리는

聲 有 發 動 之 義 天 之 事 也 終 聲 有

止 定 之 義 地 之 事 也 中 聲 承 初 之
지 정 지 의 지 지 사 야 중 성 승 초 지

그치고 정해지는 뜻이 있으니, 땅의 일이다. 가운뎃소리는 첫소리가

止 定 之 義 地 之 事 也 中 聲 承 初 之

生 接 終 之 成 人 之 事 也 盖 字 韻 之
생 접 종 지 성 인 지 사 야 개 자 운 지

생기는 것을 이어받아, 끝소리가 이루어주는 것을 이어주니, 사람의 일이다. 생각건대, 글자 운의

生 接 終 之 成 人 之 事 也 盖 字 韻 之

要 在 於 中 聲 初 終 合 而 成 音 亦 猶
요 재 어 중 성 초 종 합 이 성 음 역 유

핵심은 가운뎃소리에 있어, 첫소리와 끝소리를 합하여 소리를 이룬다. 또한, 마치

要 在 於 中 聲 初 終 合 而 成 音 亦 猶

天 地 生 成 萬 物 而 其 財 成 輔 相 則
천 지 생 성 만 물 이 기 재 성 보 상 즉

천지가 만물을 이루어도, 그것을 재성보상[22]하려면

| 天 | 地 | 生 | 成 | 萬 | 物 | 而 | 其 | 財 | 成 | 輔 | 相 | 則 |
|---|---|---|---|---|---|---|---|---|---|---|---|---|
|  |  |  |  |  |  |  |  |  |  |  |  |  |

必 賴 乎 人 也 終 聲 之 復 用 初 聲 者
필 뢰 호 인 야 종 성 지 부 용 초 성 자

반드시 사람에 힘입어야 하는 것과 같다. 끝소리를 첫소리에 다시 쓰는 것은

| 必 | 賴 | 乎 | 人 | 也 | 終 | 聲 | 之 | 復 | 用 | 初 | 聲 | 者 |
|---|---|---|---|---|---|---|---|---|---|---|---|---|
|  |  |  |  |  |  |  |  |  |  |  |  |  |

以 其 動 而 陽 者 乾 也 静 而 陰 者 亦
이 기 동 이 양 자 건 야 정 이 음 자 역

그것이 움직여서 陽인 것도 乾이요, 멈추어서 陰인 것도 또한

| 以 | 其 | 動 | 而 | 陽 | 者 | 乾 | 也 | 静 | 而 | 陰 | 者 | 亦 |
|---|---|---|---|---|---|---|---|---|---|---|---|---|
|  |  |  |  |  |  |  |  |  |  |  |  |  |

乾 也 乾 實 分 陰 陽 而 無 不 君 宰 也
건 야 건 실 분 음 양 이 무 불 군 재 야

乾이니, 乾은 사실 음양이 나뉘어 다스리지 않음이 없기 때문이다.

| 乾 | 也 | 乾 | 實 | 分 | 陰 | 陽 | 而 | 無 | 不 | 君 | 宰 | 也 |
|---|---|---|---|---|---|---|---|---|---|---|---|---|
|  |  |  |  |  |  |  |  |  |  |  |  |  |

一 元 之 氣 周 流 不 窮 四 時 之 運 循
일 원 지 기 주 류 불 궁 사 시 지 운 순

한 元의 기운이 두루 흘러서 다함이 없고, 네 계절의 운행이 순환하여

| 一 | 元 | 之 | 氣 | 周 | 流 | 不 | 窮 | 四 | 時 | 之 | 運 | 循 |
|---|---|---|---|---|---|---|---|---|---|---|---|---|
|   |   |   |   |   |   |   |   |   |   |   |   |   |

環 無 端 故 貞 而 復 元 冬 而 復 春 初
환 무 단 고 정 이 부 원 동 이 부 춘 초

끝이 없는 까닭으로 貞[23]이 가서 다시 元이 오고, 겨울이 가서 다시 봄이 오는 것이다.

| 環 | 無 | 端 | 故 | 貞 | 而 | 復 | 元 | 冬 | 而 | 復 | 春 | 初 |
|---|---|---|---|---|---|---|---|---|---|---|---|---|
|   |   |   |   |   |   |   |   |   |   |   |   |   |

聲 之 復 為 終 終 聲 之 復 為 初 亦 此
성 지 부 위 종 종 성 지 부 위 초 역 차

첫소리가 다시 끝소리로 됨도, 끝소리가 다시 첫소리가 됨도, 또한 이러한

| 聲 | 之 | 復 | 為 | 終 | 終 | 聲 | 之 | 復 | 為 | 初 | 亦 | 此 |
|---|---|---|---|---|---|---|---|---|---|---|---|---|
|   |   |   |   |   |   |   |   |   |   |   |   |   |

義 也 吁 正 音 作 而 天 地 萬 物 之 理
의 야 우 정 음 작 이 천 지 만 물 지 리

뜻이다. 아아! 정음이 만들어져서 천지 만물의 이치가.

| 義 | 也 | 吁 | 正 | 音 | 作 | 而 | 天 | 地 | 萬 | 物 | 之 | 理 |
|---|---|---|---|---|---|---|---|---|---|---|---|---|
|   |   |   |   |   |   |   |   |   |   |   |   |   |

咸備其神矣我是殆天啓

함 비 기 신 의 재 시 태 천 계

모두 갖추어졌으니, 그 신령함이여! 이는 분명 하늘이

| 咸 | 備 | 其 | 神 | 矣 | 哉 | 是 | 殆 | 天 | 啓 | |
|---|---|---|---|---|---|---|---|---|---|---|
| | | | | | | | | | | |

聖心而假手焉者乎訣曰

성 심 이 가 수 언 자 호 결 왈

성인의 마음을 열어 솜씨를 빌려주신 것이로다. 요결[24]로 말하자면:

| 聖 | 心 | 而 | 假 | 手 | 焉 | 者 | 乎 | 訣 | 曰 | |
|---|---|---|---|---|---|---|---|---|---|---|
| | | | | | | | | | | |

天地之化本一氣

천 지 지 화 본 일 기

천지의 조화는 본래 하나의 기로,

| | | 天 | 地 | 之 | 化 | 本 | 一 | 氣 | |
|---|---|---|---|---|---|---|---|---|---|
| | | | | | | | | | |

陰陽五行相始終

음 양 오 행 상 시 종

음양, 오행은 서로 처음과 끝이다.

| | | 陰 | 陽 | 五 | 行 | 相 | 始 | 終 | |
|---|---|---|---|---|---|---|---|---|---|
| | | | | | | | | | |

物 於 兩 間 有 形 聲
물 어 양 간 유 형 성

만물이 둘 사이에서 형체와 소리가 있으나

| | 物 | 於 | 兩 | 間 | 有 | 形 | 聲 | |
|---|---|---|---|---|---|---|---|---|
| | | | | | | | | |

元 本 無 二 理 數 通
원 본 무 이 이 수 통

근본은 둘이 아니므로 이치와 수가 통한다.

| | 元 | 本 | 無 | 二 | 理 | 數 | 通 | |
|---|---|---|---|---|---|---|---|---|
| | | | | | | | | |

正 音 制 字 尙 其 象
정 음 제 자 상 기 상

정음의 글자 만듦에는 그 모양을 중요시해,

| | 正 | 音 | 制 | 字 | 尙 | 其 | 象 | |
|---|---|---|---|---|---|---|---|---|
| | | | | | | | | |

因 聲 之 屬 每 加 畫
인 성 지 려 매 가 획

소리의 세기에 의해 그때마다 획을 더했다.

| | 因 | 聲 | 之 | 屬 | 每 | 加 | 畫 | |
|---|---|---|---|---|---|---|---|---|
| | | | | | | | | |

音出牙舌脣齒喉
음 출 아 설 순 치 후

소리는 어금니·혀·입술·이·목구멍에서 나오니,

| 音 | 出 | 牙 | 舌 | 脣 | 齒 | 喉 |
|---|---|---|---|---|---|---|
|   |   |   |   |   |   |   |

是爲初聲字十七
시 위 초 성 자 십 칠

이것이 첫소리가 되어서 글자는 열일곱이로다.

| 是 | 爲 | 初 | 聲 | 字 | 十 | 七 |
|---|---|---|---|---|---|---|
|   |   |   |   |   |   |   |

牙取舌根閉喉形
아 취 설 근 폐 후 형

어금닛소리는 혀뿌리가 목구멍을 막는 모양이니,

| 牙 | 取 | 舌 | 根 | 閉 | 喉 | 形 |
|---|---|---|---|---|---|---|
|   |   |   |   |   |   |   |

唯業似欲取義別
유 업 사 욕 취 의 별

오직 ㆁ(業)은 ㅇ(欲)과 비슷하나, 뜻을 취함이 다르다.

| 唯 | 業 | 似 | 欲 | 取 | 義 | 別 |
|---|---|---|---|---|---|---|
|   |   |   |   |   |   |   |

## 舌迺象舌附上腭
설 내 상 설 부 상 악

혓소리는 혀끝이 윗잇몸에 붙은 모양이고,

| 舌 | 迺 | 象 | 舌 | 附 | 上 | 腭 |
|---|---|---|---|---|---|---|
|   |   |   |   |   |   |   |

## 脣則實是取口形
순 즉 실 시 취 구 형

입술소리는 바로 입의 모양을 그대로 취한 것이다.

| 脣 | 則 | 實 | 是 | 取 | 口 | 形 |
|---|---|---|---|---|---|---|
|   |   |   |   |   |   |   |

## 齒喉直取齒喉象
치 후 직 취 치 후 상

잇소리와 목구멍소리는 바로 이와 목구멍 모양이니,

| 齒 | 喉 | 直 | 取 | 齒 | 喉 | 象 |
|---|---|---|---|---|---|---|
|   |   |   |   |   |   |   |

## 知斯五義聲自明
지 사 오 의 성 자 명

이 다섯 가지의 뜻을 알면 소리가 스스로 밝아질 것이다.

| 知 | 斯 | 五 | 義 | 聲 | 自 | 明 |
|---|---|---|---|---|---|---|
|   |   |   |   |   |   |   |

又有半舌半齒音
우 유 반 설 반 치 음

또 반혓소리와 반잇소리가 있으나,

| 又 | 有 | 半 | 舌 | 半 | 齒 | 音 |
|---|---|---|---|---|---|---|
|   |   |   |   |   |   |   |

取象同而體則異
취 상 동 이 체 즉 이

모양 취함은 같되 형체가 다르다.

| 取 | 象 | 同 | 而 | 體 | 則 | 異 |
|---|---|---|---|---|---|---|
|   |   |   |   |   |   |   |

那彌戌欲聲不厲
나 미 슬 욕 성 불 려

ㄴ(那). ㅁ(彌). ㅅ(戌). ㅇ(欲)는 소리가 세지 않아서

| 那 | 彌 | 戌 | 欲 | 聲 | 不 | 厲 |
|---|---|---|---|---|---|---|
|   |   |   |   |   |   |   |

次序雖後象形始
차 서 수 후 상 형 시

차례는 비록 뒤로되, 상형은 시초다.

| 次 | 序 | 雖 | 後 | 象 | 形 | 始 |
|---|---|---|---|---|---|---|
|   |   |   |   |   |   |   |

配諸四時與冲氣
배　제　사　시　여　충　기

사계절과 충기[25]에 배합이 되어서

| 配 | 諸 | 四 | 時 | 與 | 冲 | 氣 |
|---|---|---|---|---|---|---|
| | | | | | | |

五行五音無不協
오　행　오　음　무　불　협

오행과 오음에 맞지 않음이 없다.

| 五 | 行 | 五 | 音 | 無 | 不 | 協 |
|---|---|---|---|---|---|---|
| | | | | | | |

維喉爲水冬與羽
유　후　위　수　동　여　우

목구멍소리는 水이니 겨울이요, 羽며,

| 維 | 喉 | 爲 | 水 | 冬 | 與 | 羽 |
|---|---|---|---|---|---|---|
| | | | | | | |

牙迺春木其音角
아　내　춘　목　기　음　각

어금닛소리는 봄이고 木이며 그 음은 角이며,

| 牙 | 迺 | 春 | 木 | 其 | 音 | 角 |
|---|---|---|---|---|---|---|
| | | | | | | |

徵音夏火是舌聲
치 음 하 화 시 설 성

徵음은 여름이고 火이니 바로 혓소리이며,

| 徵 | 音 | 夏 | 火 | 是 | 舌 | 聲 |
|---|---|---|---|---|---|---|
|   |   |   |   |   |   |   |

齒則商秋又是金
치 즉 상 추 우 시 금

잇소리는 商이고 가을이니 또 바로 金이며

| 齒 | 則 | 商 | 秋 | 又 | 是 | 金 |
|---|---|---|---|---|---|---|
|   |   |   |   |   |   |   |

脣於位數本無定
순 어 위 수 본 무 정

입술소리는 위수에 본디 정함이 없으나,

| 脣 | 於 | 位 | 數 | 本 | 無 | 定 |
|---|---|---|---|---|---|---|
|   |   |   |   |   |   |   |

土而季夏為宮音
토 이 계 하 위 궁 음

土이면서 계절은 여름이고, 宮음이 된다.

| 土 | 而 | 季 | 夏 | 為 | 宮 | 音 |
|---|---|---|---|---|---|---|
|   |   |   |   |   |   |   |

## 聲音又自有淸濁
성 음 우 자 유 청 탁

말소리에는 또 스스로 청탁이 있으니,

| | 聲 | 音 | 又 | 自 | 有 | 淸 | 濁 | |
|---|---|---|---|---|---|---|---|---|
| | | | | | | | | |

## 要於初發細推尋
요 어 초 발 세 추 심

첫소리 날 때에 자세히 살피라.

| | 要 | 於 | 初 | 發 | 細 | 推 | 尋 | |
|---|---|---|---|---|---|---|---|---|
| | | | | | | | | |

## 全淸聲是君斗彆
전 청 성 시 군 두 별

전청 소리는 ㄱ(君), ㄷ(斗) ㅂ(彆)이며

| | 全 | 淸 | 聲 | 是 | 君 | 斗 | 彆 | |
|---|---|---|---|---|---|---|---|---|
| | | | | | | | | |

## 卽戌挹亦全淸聲
즉 술 읍 역 전 청 성

ㅈ(卽), ㅅ(戌), ㆆ(挹) 또한 전청 소리이고,

| | 卽 | 戌 | 挹 | 亦 | 全 | 淸 | 聲 | |
|---|---|---|---|---|---|---|---|---|
| | | | | | | | | |

若 迺 快 吞 漂 侵 虛
약 내 쾌 탄 표 침 허

ㅋ(快), ㅌ(吞), ㅍ(漂), ㅊ(侵), ㅎ(虛) 같은 것은

| 若 | 迺 | 快 | 吞 | 漂 | 侵 | 虛 |
|---|---|---|---|---|---|---|
|   |   |   |   |   |   |   |

五 音 各 一 為 次 清
오 음 각 일 위 차 청

다섯 가지 소리가 각기 하나 같이 차청이다.

| 五 | 音 | 各 | 一 | 為 | 次 | 清 |
|---|---|---|---|---|---|---|
|   |   |   |   |   |   |   |

全 濁 之 聲 虯 覃 步
전 탁 지 성 규 담 보

전탁의 소리에는 ㄲ(虯), ㄸ(覃), ㅃ(步)와

| 全 | 濁 | 之 | 聲 | 虯 | 覃 | 步 |
|---|---|---|---|---|---|---|
|   |   |   |   |   |   |   |

又 有 慈 邪 亦 有 洪
우 유 자 사 역 유 홍

또 ㅉ(慈), ㅆ(邪)가 있고, 또 ㆅ(洪)가 있는데,

| 又 | 有 | 慈 | 邪 | 亦 | 有 | 洪 |
|---|---|---|---|---|---|---|
|   |   |   |   |   |   |   |

全淸並書爲全濁
전 청 병 서 위 전 탁

전청을 나란히 쓰면 전탁이 되나,

| 全 | 淸 | 並 | 書 | 爲 | 全 | 濁 |
|---|---|---|---|---|---|---|
|   |   |   |   |   |   |   |

唯洪自虛是不同
유 홍 자 허 시 부 동

오직 ㆅ(洪)만은 ㅎ(虛)에서 나와서 이것만 다르다.

| 唯 | 洪 | 自 | 虛 | 是 | 不 | 同 |
|---|---|---|---|---|---|---|
|   |   |   |   |   |   |   |

業那彌欲及閭穰
업 나 미 욕 급 려 양

ㆁ(業), ㄴ(那), ㅁ(彌), ㅇ(欲) 및 ㄹ(閭), ㅿ(穰)은,

| 業 | 那 | 彌 | 欲 | 及 | 閭 | 穰 |
|---|---|---|---|---|---|---|
|   |   |   |   |   |   |   |

其聲不淸又不濁
기 성 불 청 우 불 탁

그 소리가 불청이고 또 불탁이다.

| 其 | 聲 | 不 | 淸 | 又 | 不 | 濁 |
|---|---|---|---|---|---|---|
|   |   |   |   |   |   |   |

欲 之 連 書 爲 脣 輕
욕 지 연 서 위 순 경

ㅇ(欲)를 이어 쓰면 곧 입술가벼운소리가 되어,

| | | | | | | |
|---|---|---|---|---|---|---|
| 欲 | 之 | 連 | 書 | 爲 | 脣 | 輕 |
| | | | | | | |

喉 聲 多 而 脣 乍 合
후 성 다 이 순 사 합

목구멍소리가 많고 입술은 잠깐 합친다.

| | | | | | | |
|---|---|---|---|---|---|---|
| 喉 | 聲 | 多 | 而 | 脣 | 乍 | 合 |
| | | | | | | |

中 聲 十 一 亦 取 象
중 성 십 일 역 취 상

가운뎃소리 열하나도 또한 모양을 취하였으나,

| | | | | | | |
|---|---|---|---|---|---|---|
| 中 | 聲 | 十 | 一 | 亦 | 取 | 象 |
| | | | | | | |

精 義 未 可 容 易 觀
정 의 미 가 용 이 관

깊은 의의는 쉽게 볼 수 없으리라.

| | | | | | | |
|---|---|---|---|---|---|---|
| 精 | 義 | 未 | 可 | 容 | 易 | 觀 |
| | | | | | | |

呑擬於天聲㝡深
탄 의 어 천 성 최 심

·(呑)는 하늘을 본떠 소리가 가장 깊다.

呑擬於天聲最深

所以圓形如彈丸
소 이 원 형 여 탄 환

때문에 둥근 모양은 곧 탄환과 같다.

所以圓形如彈丸

即聲不深又不淺
즉 성 불 심 우 불 천

一(即) 소리는 깊지도 아니하고 또 얕지도 않으니,

即聲不深又不淺

其形之平象乎地
기 형 지 평 상 호 지

그 모양의 평평함은 땅을 본떴다.

其形之平象乎地

ㅣ(侵)는 사람이 서 있는 모양으로 그 소리는 얕아서

| 侵 | 象 | 人 | 立 | 厥 | 聲 | 淺 | |
|---|---|---|---|---|---|---|---|
| | | | | | | | |

三才之道斯爲備
삼 재 지 도 사 위 비

삼재의 도리가 이같이 갖추어졌도다.

| 三 | 才 | 之 | 道 | 斯 | 爲 | 備 | |
|---|---|---|---|---|---|---|---|
| | | | | | | | |

洪出於天尙爲闔
홍 출 어 천 상 위 합

ㅗ(洪)는 하늘에서 나와서 닫혀 있으니,

| 洪 | 出 | 於 | 天 | 尙 | 爲 | 闔 | |
|---|---|---|---|---|---|---|---|
| | | | | | | | |

象取天圓合地平
상 취 천 원 합 지 평

하늘의 둥긂과 땅의 평평함을 취했다.

| 象 | 取 | 天 | 圓 | 合 | 地 | 平 | |
|---|---|---|---|---|---|---|---|
| | | | | | | | |

覃亦出天爲已闢

담　역　출　천　위　이　벽

ㅏ(覃) 또한 하늘에서 나와 열려 있으니,

| 覃 | 亦 | 出 | 天 | 爲 | 已 | 闢 | |
|---|---|---|---|---|---|---|---|
| | | | | | | | |

發於事物就人成

발　어　사　물　취　인　성

사물에서 피어나서 사람이 이룬 것이다.

| 發 | 於 | 事 | 物 | 就 | 人 | 成 | |
|---|---|---|---|---|---|---|---|
| | | | | | | | |

用初生義一其圓

용　초　생　의　일　기　원

처음 생긴 뜻을 적용해 둥근 점은 하나요,

| 用 | 初 | 生 | 義 | 一 | 其 | 圓 | |
|---|---|---|---|---|---|---|---|
| | | | | | | | |

出天爲陽在上外

출　천　위　양　재　상　외

하늘에서 나와 양이 되니 위와 밖에 있다.

| 出 | 天 | 爲 | 陽 | 在 | 上 | 外 | |
|---|---|---|---|---|---|---|---|
| | | | | | | | |

欲穰兼人爲再出
욕 양 겸 인 위 재 출

ㅛ(欲)와 ㅑ(穰)는 사람을 겸해 두 번째 생김이 되니,

| 欲 | 穰 | 兼 | 人 | 爲 | 再 | 出 |
|---|---|---|---|---|---|---|
| | | | | | | |

二圓爲形見其義
이 원 위 형 견 기 의

두 둥근 점이 형태가 되어 그 뜻을 보인다.

| 二 | 圓 | 爲 | 形 | 見 | 其 | 義 |
|---|---|---|---|---|---|---|
| | | | | | | |

君業戌彆出於地
군 업 술 별 출 어 지

ㅜ(君), ㅓ(業), ㅠ(戌), ㅕ(彆)가 땅에서 나와서 글자가 된 것은,

| 君 | 業 | 戌 | 彆 | 出 | 於 | 地 |
|---|---|---|---|---|---|---|
| | | | | | | |

據例自知何湏評
거 례 자 지 하 회 평

예로 미루어서 저절로 알게 되니 어찌 평해야 하리.

| 據 | 例 | 自 | 知 | 何 | 湏 | 評 |
|---|---|---|---|---|---|---|
| | | | | | | |

吞之爲字貫八聲

탄 지 위 자 관 팔 성

·(吞)의 글자가 여덟 소리에 모두 들어 있는 것은,

| 吞 | 之 | 爲 | 字 | 貫 | 八 | 聲 | |
|---|---|---|---|---|---|---|---|
| | | | | | | | |

維天之用徧流行

유 천 지 용 편 유 행

하늘의 작용이 두루 흘러가기 때문이다.

| 維 | 天 | 之 | 用 | 徧 | 流 | 行 | |
|---|---|---|---|---|---|---|---|
| | | | | | | | |

四聲兼人亦有由

사 성 겸 인 역 유 유

사성[26]이 사람을 겸하는 것도 까닭이 있으니,

| 四 | 聲 | 兼 | 人 | 亦 | 有 | 由 | |
|---|---|---|---|---|---|---|---|
| | | | | | | | |

人參天地爲最靈

인 참 천 지 위 최 령

사람이 천지에 참여해서, 가장 뛰어나기 때문이다.

| 人 | 參 | 天 | 地 | 爲 | 最 | 靈 | |
|---|---|---|---|---|---|---|---|
| | | | | | | | |

且就三聲究至理
차 취 삼 성 구 지 리

또 삼성의 지극한 이치를 탐구하면,

| 且 | 就 | 三 | 聲 | 究 | 至 | 理 |
|---|---|---|---|---|---|---|
|   |   |   |   |   |   |   |

自有剛柔與陰陽
자 유 강 유 여 음 양

단단함과 부드러움, 음과 양이 저절로 있도다.

| 自 | 有 | 剛 | 柔 | 與 | 陰 | 陽 |
|---|---|---|---|---|---|---|
|   |   |   |   |   |   |   |

中是天用陰陽分
중 시 천 용 음 양 분

가운뎃소리는 하늘의 작용으로 음과 양으로 나뉘고,

| 中 | 是 | 天 | 用 | 陰 | 陽 | 分 |
|---|---|---|---|---|---|---|
|   |   |   |   |   |   |   |

初迺地功剛柔彰
초 내 지 공 강 유 창

첫소리는 땅의 공로로 강함과 연함이 드러난다.

| 初 | 迺 | 地 | 功 | 剛 | 柔 | 彰 |
|---|---|---|---|---|---|---|
|   |   |   |   |   |   |   |

中聲唱之初聲和
중 성 창 지 초 성 화

가운뎃소리가 부르면, 첫소리가 화답 하나니,

| 中 | 聲 | 唱 | 之 | 初 | 聲 | 和 |
|---|---|---|---|---|---|---|
|  |  |  |  |  |  |  |

天先乎地理自然
천 선 호 지 이 자 연

하늘이 땅에 앞섬은 자연의 이치다.

| 天 | 先 | 乎 | 地 | 理 | 自 | 然 |
|---|---|---|---|---|---|---|
|  |  |  |  |  |  |  |

和者爲初亦爲終
화 자 위 초 역 위 종

화답하는 것이 첫소리도 되고 끝소리도 되는 이유는,

| 和 | 者 | 爲 | 初 | 亦 | 爲 | 終 |
|---|---|---|---|---|---|---|
|  |  |  |  |  |  |  |

物生復歸皆於坤
물 생 복 귀 개 어 곤

만물이 모두 땅을 통해 돌아가기 때문이다.

| 物 | 生 | 復 | 歸 | 皆 | 於 | 坤 |
|---|---|---|---|---|---|---|
|  |  |  |  |  |  |  |

陰變爲陽陽變陰
음 변 위 양 양 변 음

음이 변해 양이 되고, 양이 변해 음이 되니,

| 陰 | 變 | 爲 | 陽 | 陽 | 變 | 陰 |
|---|---|---|---|---|---|---|
|  |  |  |  |  |  |  |

一動一靜互爲根
일 동 일 정 호 위 근

움직임과 멈춰 있음이 서로 근본이 되도다.

| 一 | 動 | 一 | 靜 | 互 | 爲 | 根 |
|---|---|---|---|---|---|---|
|  |  |  |  |  |  |  |

初聲復有發生義
초 성 부 유 발 생 의

첫소리는 다시 발생하는 의미가 있으니,

| 初 | 聲 | 復 | 有 | 發 | 生 | 義 |
|---|---|---|---|---|---|---|
|  |  |  |  |  |  |  |

爲陽之動主於天
위 양 지 동 주 어 천

양의 움직임이 되어 하늘을 맡음이다.

| 爲 | 陽 | 之 | 動 | 主 | 於 | 天 |
|---|---|---|---|---|---|---|
|  |  |  |  |  |  |  |

終聲比地陰之靜
종 성 비 지 음 지 정

끝소리는 땅에 비유돼 음의 멈춤이 있으니,

終聲比地陰之靜

字音於此止定焉
자 음 어 차 지 정 언

글자의 소리는 여기서 그쳐서 정해진다.

字音於此止定焉

韻成要在中聲用
운 성 요 재 중 성 용

운모가 이루어지는 핵심은, 가운뎃소리의 작용이 있으니

韻成要在中聲用

人能輔相天地宜
인 능 보 상 천 지 의

사람이 능히 하늘과 땅의 마땅함을 돕기 때문이다.

人能輔相天地宜

# 陽之爲用通於陰

양 지 위 용 통 어 음

양의 작용은 음에도 통하여,

| 陽 | 之 | 爲 | 用 | 通 | 於 | 陰 |
|---|---|---|---|---|---|---|
|   |   |   |   |   |   |   |

# 至而伸則反而歸

지 이 신 즉 반 이 귀

이르러 펴면 도로 돌아가니,

| 至 | 而 | 伸 | 則 | 反 | 而 | 歸 |
|---|---|---|---|---|---|---|
|   |   |   |   |   |   |   |

# 初終雖云分兩儀

초 종 수 운 분 양 의

첫소리와 끝소리가 비록 양의[27]로 나뉜다고 해도,

| 初 | 終 | 雖 | 云 | 分 | 兩 | 儀 |
|---|---|---|---|---|---|---|
|   |   |   |   |   |   |   |

# 終用初聲義可知

종 용 초 성 의 가 지

끝소리에 첫소리를 다시 쓴 뜻은 알 수 있다.

| 終 | 用 | 初 | 聲 | 義 | 可 | 知 |
|---|---|---|---|---|---|---|
|   |   |   |   |   |   |   |

正音之字只廿八
정 음 지 자 지 입 팔

정음의 글자는 오직 스물여덟 글자일 뿐이지만,

| 正 | 音 | 之 | 字 | 只 | 廿 | 八 |
|---|---|---|---|---|---|---|
|   |   |   |   |   |   |   |

探賾錯綜窮深幾
탐 색 착 종 궁 심 기

얽힘을 찾아 밝히고, 깊고 미묘함을 탐구한 것이다.

| 探 | 賾 | 錯 | 綜 | 窮 | 深 | 幾 |
|---|---|---|---|---|---|---|
|   |   |   |   |   |   |   |

指遠言近牖民易
지 원 언 근 용 민 이

의향은 멀어도 말은 가까워, 백성을 이끌기 쉬우니,

| 指 | 遠 | 言 | 近 | 牖 | 民 | 易 |
|---|---|---|---|---|---|---|
|   |   |   |   |   |   |   |

天授何曾智巧爲
천 수 하 증 지 교 위

하늘이 주심이지 어찌 지혜와 기교로 만들었으리오.

| 天 | 授 | 何 | 曾 | 智 | 巧 | 爲 |
|---|---|---|---|---|---|---|
|   |   |   |   |   |   |   |

# 初聲解
초 성 해

첫소리에 대한 풀이

| 初 | 聲 | 解 | | |
|---|---|---|---|---|
| | | | | |

正音初聲即韻書之字母也聲音
정 음 초 성 즉 운 서 지 자 모 야 성 음

정음의 첫소리는 운서의 자모이다. 성음이

| 正 | 音 | 初 | 聲 | 即 | 韻 | 書 | 之 | 字 | 母 | 也 | 聲 | 音 |
|---|---|---|---|---|---|---|---|---|---|---|---|---|
| | | | | | | | | | | | | |

由此而生故曰母如牙音君字初
유 차 이 생 고 왈 모 여 아 음 군 자 초

이로 말미암아서 생겨났다. 그러므로 모라고 한다. 어금닛소리 君자(字) 첫

| 由 | 此 | 而 | 生 | 故 | 曰 | 母 | 如 | 牙 | 音 | 君 | 字 | 初 |
|---|---|---|---|---|---|---|---|---|---|---|---|---|
| | | | | | | | | | | | | |

聲是ㄱㄱ與ㄷ而爲ㄹ快字初聲
성 시 여 이 위 쾌 자 초 성

소리는 ㄱ이니, ㄱ와 ㄷ이 어울려 군이 된다. 快자(字) 첫소리는

| 聲 | 是 | ㄱ | ㄱ | 與 | ㄷ | 而 | 爲 | ㄹ | 快 | 字 | 初 | 聲 |
|---|---|---|---|---|---|---|---|---|---|---|---|---|
| | | | | | | | | | | | | |

是 ㅋㅋ 與 ㅙ 而 爲 쾌 虯 字 初 聲 是
시　여　이 위　규 자 초 성 시

ㅋ이니, ㅋ와 ㅙ가 어울려 쾌가 된다. 虯자(字) 첫소리는 바로

是 ㅋ ㅋ 與 ㅙ 而 爲 쾌 虯 字 初 聲 是

ㄲㄲ 與 ㅛ 而 爲 ꠬ 業 字 初 聲 是 ㅇ
　　여　이 위　업 자 초 성 시

ㄲ이니, ㄲ와 ㅛ가 어울려 ꠬가 된다. 業자(字) 첫소리는 바로 ㅇ이니,

ㄲ ㄲ 與 ㅛ 而 爲 ꠬ 業 字 初 聲 是 ㅇ

ㅇ 與 ᆸ 而 爲 업 之 類 舌 之 斗 呑 覃
　여　이 위　지 류 설 지 두 탄 담

ㅇ와 ᆸ이 합하여 업이 되는 유와 같은 것이다. 혓소리는 ㄷ(斗), ㅌ(呑), ㄸ(覃)와

ㅇ 與 ᆸ 而 爲 업 之 類 舌 之 斗 呑 覃

那 脣 之 彆 漂 步 彌 齒 之 即 侵 慈 戌
나 순 지 별 표 보 미 치 지 즉 침 자 술

ㄴ(那)이고, 입술소리는 ㅂ(彆), ㅍ(漂), ㅃ(步), ㅁ(彌)이다. 잇소리는 ㅈ(即), ㅊ(侵), ㅉ(慈), ㅅ(戌)

那 脣 之 彆 漂 步 彌 齒 之 即 侵 慈 戌

경필쓰기

邪 喉 之 挹 虛 洪 欲 半 舌 半 齒 之 閭
사 후 지 읍 허 홍 욕 반 설 반 치 지 려

ㅆ(邪)이고, 목구멍소리는 ㆆ(挹), ㅎ(虛), ㆅ(洪), ㅇ(欲)이다. 반혀, 반잇소리는 ㄹ(閭),

| 邪 | 喉 | 之 | 挹 | 虛 | 洪 | 欲 | 半 | 舌 | 半 | 齒 | 之 | 閭 |
|---|---|---|---|---|---|---|---|---|---|---|---|---|
|   |   |   |   |   |   |   |   |   |   |   |   |   |

穰 皆 倣 此 訣 曰
양 개 방 차 결 왈

ㅿ(穰)이니 모두 이것을 모방하였다. 요결로 말하자면:

| 穰 | 皆 | 倣 | 此 | 訣 | 曰 |
|---|---|---|---|---|---|
|   |   |   |   |   |   |

君 快 虯 業 其 聲 牙
군 쾌 뀨 업 기 성 아

ㄱ(君)와 ㅋ(快)와 ㄲ(虯)와 ㆁ(業)는 그 소리가 어금닛소리이고

| 君 | 快 | 虯 | 業 | 其 | 聲 | 牙 |
|---|---|---|---|---|---|---|
|   |   |   |   |   |   |   |

舌 聲 斗 吞 及 覃 那
설 성 두 탄 급 담 나

혓소리는 ㄷ(斗)와 ㅌ(吞)와 ㄸ(覃)와 ㄴ(那)이고

| 舌 | 聲 | 斗 | 吞 | 及 | 覃 | 那 |
|---|---|---|---|---|---|---|
|   |   |   |   |   |   |   |

| 彆 | 漂 | 步 | 彌 | 則 | 是 | 脣 |
|---|---|---|---|---|---|---|
| 별 | 표 | 보 | 미 | 즉 | 시 | 순 |

ㅂ(彆)와 ㅍ(漂)와 ㅃ(步)와 ㅁ(彌)는 바로 입술소리이고

| 彆 | 漂 | 步 | 彌 | 則 | 是 | 脣 |
|---|---|---|---|---|---|---|
| | | | | | | |

| 齒 | 有 | 即 | 侵 | 慈 | 戌 | 邪 |
|---|---|---|---|---|---|---|
| 치 | 유 | 즉 | 침 | 자 | 술 | 사 |

잇소리는 ㅈ(即)와 ㅊ(侵)와 ㅉ(慈)와 ㅅ(戌)와 ㅆ(邪)가 있고

| 齒 | 有 | 即 | 侵 | 慈 | 戌 | 邪 |
|---|---|---|---|---|---|---|
| | | | | | | |

| 挹 | 虛 | 洪 | 欲 | 迺 | 喉 | 聲 |
|---|---|---|---|---|---|---|
| 읍 | 허 | 홍 | 욕 | 내 | 후 | 성 |

ㆆ(挹)와 ㅎ(虛)와 ㆅ(洪)와 ㅇ(欲)는 곧 목구멍소리이며

| 挹 | 虛 | 洪 | 欲 | 迺 | 喉 | 聲 |
|---|---|---|---|---|---|---|
| | | | | | | |

| 閭 | 爲 | 半 | 舌 | 穰 | 半 | 齒 |
|---|---|---|---|---|---|---|
| 려 | 위 | 반 | 설 | 양 | 반 | 치 |

ㄹ(閭)는 반설음, ㅿ(穰)는 반잇소리이니

| 閭 | 爲 | 半 | 舌 | 穰 | 半 | 齒 |
|---|---|---|---|---|---|---|
| | | | | | | |

二十三字是爲母

이 십 삼 자 시 위 모

스물 석자 이것이 자모가 되어

| 二 | 十 | 三 | 字 | 是 | 爲 | 母 |
|---|---|---|---|---|---|---|
| | | | | | | |

萬聲生生皆自此

만 성 생 생 개 자 차

온갖 소리가 생겨남은 모두 이로부터 생긴다.

| 萬 | 聲 | 生 | 生 | 皆 | 自 | 此 |
|---|---|---|---|---|---|---|
| | | | | | | |

中聲解

중 성 해

가운뎃소리에 대한 풀이

| 中 | 聲 | 解 | |
|---|---|---|---|
| | | | |

中聲者居字韻之中合初終而成

중 성 자 거 자 운 지 중 합 초 종 이 성

가운뎃소리라는 것은 자운의 가운데 놓여 첫소리, 끝소리와 합하여져 음을 이룬다.

| 中 | 聲 | 者 | 居 | 字 | 韻 | 之 | 中 | 合 | 初 | 終 | 而 | 成 |
|---|---|---|---|---|---|---|---|---|---|---|---|---|
| | | | | | | | | | | | | |

音 如 吞 字 中 聲 是 ·· 居 ㅌㄴ 之
음 여 탄 자 중 성 시 거 지

마치 呑(ㅌ) 자의 가운뎃소리가 바로 · 인데, ·가 ㅌ와 ㄴ의

| 音 | 如 | 吞 | 字 | 中 | 聲 | 是 | · | · | 居 | ㅌ | ㄴ | 之 |
|---|---|---|---|---|---|---|---|---|---|---|---|---|
| | | | | | | | | | | | | |

間 而 為 ㅌㄴ 卽 字 中 聲 是 ㅡㅡ 居 ㅈ
간 이 위 즉 자 중 성 시 거

사이에 있어 튼이 되고, 卽(卽) 자의 가운뎃소리는 바로 ㅡ인데, ㅡ가 ㅈ와

| 間 | 而 | 為 | ㅌㄴ | 卽 | 字 | 中 | 聲 | 是 | ㅡ | ㅡ | 居 | ㅈ |
|---|---|---|---|---|---|---|---|---|---|---|---|---|
| | | | | | | | | | | | | |

ㄱ 之 間 而 為 즉 侵 字 中 聲 是 ㅣㅣ
지 간 이 위 침 자 중 성 시

ㄱ의 사이에 있어 즉이 되고, 侵자의 가운뎃소리는 바로 ㅣ인데, ㅣ가

| ㄱ | 之 | 間 | 而 | 為 | 즉 | 侵 | 字 | 中 | 聲 | 是 | ㅣ | ㅣ |
|---|---|---|---|---|---|---|---|---|---|---|---|---|
| | | | | | | | | | | | | |

居 ㅊㅁ 之 間 而 為 침 之 類 洪 覃 君
거 지 간 이 위 지 류 홍 담 군

ㅊ와 ㅁ의 사이에 있어 침이 되는 유와 같다. ㅗ(洪), ㅏ(覃), ㅜ(君)

| 居 | ㅊ | ㅁ | 之 | 間 | 而 | 為 | 침 | 之 | 類 | 洪 | 覃 | 君 |
|---|---|---|---|---|---|---|---|---|---|---|---|---|
| | | | | | | | | | | | | |

ㅓ(業), ㅛ(欲), ㅑ(穰), ㅠ(戌), ㅕ(彆) 모두 이를 준거한다. 두 글자를 함께 쓰는 것은

業欲穰戌彆皆倣此二字合用者

ㅗ與ㅏ同出於·故合而爲ㅘㅛ
여 동 출 어 고 합 이 위

ㅗ와 ㅏ와 함께 ·에서 나왔으므로 합하여 ㅘ가 되고, ㅛ

ㅗ與ㅏ同出於·故合而爲ㅘㅛ

與ㅑ又同出於ㅣ故合而爲ㅛㅑㅜ
여 우 동 출 어 고 합 이 위

와ㅑ도 또 함께 ㅣ에서 나왔으므로 합하여 ㅛㅑ가 되고, ㅜ와

與ㅑ又同出於ㅣ故合而爲ㅛㅑㅜ

與ㅓ同出於一故合而爲ㅝㅠ與
여 동 출 어 고 합 이 위 여

ㅓ가 함께 一에서 나왔으므로 합하여 ㅝ가 되고, ㅠ와

與ㅓ同出於一故合而爲ㅝㅠ與

ㅕ又同出於ㅣ故合而爲ㆌ以其

우　동　출　어　　　고　합　이　위　　　이　기

ㅕ는 또 함께 ㅣ에서 나왔으므로 합하여 ㆌ가 된다. 그들은

ㅕ又同出於ㅣ故合而爲ㆌ以其

同出而爲類故相合而不悖也一

동　출　이　위　류　고　상　합　이　불　패　야　일

한 가지에서 나와서 무리가 되었으므로 서로 합하여도 어그러지지 않는다. 한

同出而爲類故相合而不悖也一

字中聲之與ㅣ相合者十·ㅣㅡㅢ

자　중　성　지　여　　　상　합　자　십

글자로 된 가운뎃소리로서 ㅣ와 서로 합하여지는 것은 열이니 ㅣ, ㅢ, ㅢ,

字中聲之與ㅣ相合者十·ㅣㅡㅢ

ㅐㅢㅔㅛㅒㅠㅖ是也二字中聲

시　야　이　자　중　성

ㅐ, ㅢ, ㅔ, ㅛ, ㅒ, ㅠ, ㅖ가 이것이요. 두 글자로 된 가운뎃소리로서

ㅐㅢㅔㅛㅒㅠㅖ是也二字中聲

之與 丨 相合 者四 ㅙ ㅞ ㆈ ㆊ 是 也
지 여　상 합 자 사　　　　시 야

丨와 서로 합하여지는 것은 넷이니 ㅙ, ㅞ, ㆈ, ㆊ가 이것이다.

之 與 丨 相 合 者 四 ㅙ ㅞ ㆈ ㆊ 是 也

丨 扵深淺闔闢之聲並能相隨者
어 심 천 합 벽 지 성 병 능 상 수 자

丨가 심천합벽[28]의 소리에 두루 능히 서로 따를 수 있는 것은,

丨 於 深 淺 闔 闢 之 聲 並 能 相 隨 者

以其舌展聲淺而便扵開口也亦
이 기 설 전 성 천 이 편 어 개 구 야 역

그것이 혀가 펴지고, 소리가 얕아서 입을 벌리기에 편하기 때문이다. 또한

以 其 舌 展 聲 淺 而 便 於 開 口 也 亦

可見人之參賛開物而無所不通
가 견 인 지 참 찬 개 물 이 무 소 불 통

가히 사람이 참찬하여 만물을 여는데, 통하지 않는 바가 없음을 볼 수 있는 것이다.

可 見 人 之 參 賛 開 物 而 無 所 不 通

也 訣 曰
야 결 왈

요결로 말하자면 :

| 也 | 訣 | 曰 | | | | |
|---|---|---|---|---|---|---|
| | | | | | | |

母 字 之 音 各 有 中
모 자 지 음 각 유 중

모음자의 음마다 각기 맞음이 있으니

| 母 | 字 | 之 | 音 | 各 | 有 | 中 |
|---|---|---|---|---|---|---|
| | | | | | | |

須 就 中 聲 尋 闢 闔
수 취 중 성 심 벽 합

모름지기 가운뎃소리를 찾으면 벽합[29]을 이루리라

| 須 | 就 | 中 | 聲 | 尋 | 闢 | 闔 |
|---|---|---|---|---|---|---|
| | | | | | | |

洪 覃 自 吞 可 合 用
홍 담 자 탄 가 합 용

ㅗ(洪)와 ㅏ(覃)는 ·(吞)에서 가히 함께 쓴 것이고

| 洪 | 覃 | 自 | 吞 | 可 | 合 | 用 |
|---|---|---|---|---|---|---|
| | | | | | | |

## 君業出即亦可合
군 업 출 즉 역 가 합

ㅗ(君)와 ㅓ 나가면 또한 가히 합한다.

| 君 | 業 | 出 | 即 | 亦 | 可 | 合 | |
|---|---|---|---|---|---|---|---|
| | | | | | | | |

## 欲之與穰戌與彆
욕 지 여 양 술 여 별

ㅛ(欲)는 ㅑ(穰)와, ㅠ(戌)는 ㅕ(彆)와

| 欲 | 之 | 與 | 穰 | 戌 | 與 | 彆 | |
|---|---|---|---|---|---|---|---|
| | | | | | | | |

## 各有所從義可推
각 유 소 종 의 가 추

각기 좇는 바의 의미를 가히 유추할 수 있다.

| 各 | 有 | 所 | 從 | 義 | 可 | 推 | |
|---|---|---|---|---|---|---|---|
| | | | | | | | |

## 侵之為用最居多
침 지 위 용 최 거 다

ㅣ(侵)의 쓰이게 됨이 가장 많이 있어서

| 侵 | 之 | 為 | 用 | 最 | 居 | 多 | |
|---|---|---|---|---|---|---|---|
| | | | | | | | |

## 於十四聲徧相隨
어 십 사 성 편 상 수

열넷의 소리에 두루 서로 따른다.

| 於 | 十 | 四 | 聲 | 徧 | 相 | 隨 |
|---|---|---|---|---|---|---|
| | | | | | | |

## 終聲解
종 성 해

끝소리에 대한 풀이

| 終 | 聲 | 解 |
|---|---|---|
| | | |

## 終聲者承初中而成字韻如即字
종 성 자 승 초 중 이 성 자 운 여 즉 자

끝소리란 것은 첫소리와 가운뎃소리를 이어서 자운을 이루는 것이다. 가령 即(즉)자의

| 終 | 聲 | 者 | 承 | 初 | 中 | 而 | 成 | 字 | 韻 | 如 | 即 | 字 |
|---|---|---|---|---|---|---|---|---|---|---|---|---|
| | | | | | | | | | | | | |

## 終聲是ㄱㄱ居ㅈ終而爲즉洪字
종 성 시 거 종 이 위 홍 자

끝소리가 바로 ㄱ이니 ㄱ는 즈의 끝에 있어서 즉이 되고, 洪(홍)자의

| 終 | 聲 | 是 | ㄱ | ㄱ | 居 | ㅈ | 終 | 而 | 爲 | 즉 | 洪 | 字 |
|---|---|---|---|---|---|---|---|---|---|---|---|---|
| | | | | | | | | | | | | |

終聲是ㆁㆁ居娑終而為ᅙᅌ之類
종 성 시　　　거　종 이 위　지 류

끝소리는 바로 ㆁ이니 ㆁ가 ᅙ의 끝에 있으면 ᅙᅌ이 되는 유이다.

終　聲　是　ㆁ　ㆁ　居　娑　終　而　為　ᅙᅌ　之　類

舌脣齒喉皆同聲有緩急之殊故
설 순 치 후 개 동 성 유 완 급 지 수 고

헛소리, 입술소리, 잇소리, 목구멍소리도 모두 같다. 소리에는 느리고 빠름의 다름이 있으므로

舌　脣　齒　喉　皆　同　聲　有　緩　急　之　殊　故

平上去其終聲不類入聲之促急
평 상 거 기 종 성 불 류 입 성 지 촉 급

평성[30], 상성[31], 거성[32]은 그 끝소리가 입성[33]처럼 촉박하며 매우 급하지 않고

平　上　去　其　終　聲　不　類　入　聲　之　促　急

不清不濁之字其聲不屬故用於
불 청 불 탁 지 자 기 성 불 려 고 용 어

불청불탁의 글자는 그 소리가 세지 않다. 그러므로 끝소리에 쓰면

不　清　不　濁　之　字　其　聲　不　屬　故　用　於

終則宜於平上去全清次清全濁
종 즉 의 어 평 상 거 전 청 차 청 전 탁

평성, 상성, 거성에 마땅하다. 전청, 차청, 전탁의

終 則 宜 於 平 上 去 全 清 次 清 全 濁

之字其聲為屬故用於終則宜於
지 자 기 성 위 려 고 용 어 종 즉 의 어

글자는 그 소리가 세게 된다. 그러므로 끝에서 쓰이면 입성에 마땅하다.

之 字 其 聲 為 屬 故 用 於 終 則 宜 於

入而以ㅇㄴㅁㅇㄹㅿ六字為平
입 소 이 육 자 위 평

까닭에 ㅇ, ㄴ, ㅁ, ㅇ, ㄹ, ㅿ 여섯 자는 평성

入 所 以 ㅇ ㄴ ㅁ ㅇ ㄹ ㅿ 六 字 為 平

上去聲之終而屬皆為入聲之終
상 거 성 지 종 이 려 개 위 입 성 지 종

상성, 거성의 끝이 된다. 그리고 나머지는 모두 입성의 끝이 된다.

上 去 聲 之 終 而 屬 皆 為 入 聲 之 終

也然ㄱㅇㄷㄴㅂㅁㅅㄹ八字可
야 연 　　　　　　　　　　　　 팔 자 가

그러므로 ㄱ, ㅇ, ㄷ, ㄴ, ㅂ, ㅁ, ㅅ, ㄹ 여덟 자만으로도 가히

| 也 | 然 | ㄱ | ㅇ | ㄷ | ㄴ | ㅂ | ㅁ | ㅅ | ㄹ | 八 | 字 | 可 |
|---|---|---|---|---|---|---|---|---|---|---|---|---|
|   |   |   |   |   |   |   |   |   |   |   |   |   |

足用也如빗곶為梨花엉·의갗為
족 용 야 여 　 위 이 화 　　 위

족히 쓸 수 있다. 빗곶은 배꽃[梨花(배나무 리/꽃 화)]이 되고, 엉·의갗은

| 足 | 用 | 也 | 如 | 빗 | 곶 | 為 | 梨 | 花 | 엉 | ·의 | 갗 | 為 |
|---|---|---|---|---|---|---|---|---|---|---|---|---|
|   |   |   |   |   |   |   |   |   |   |   |   |   |

狐皮而ㅅ字可以通用故只用ㅅ
호 피 이 　 자 가 이 통 용 고 지 용

여우가죽[狐皮(여우 호/가죽 피)]이 된다. 그래서 ㅅ자로서 가히 통해 쓸 수 있다. 그러므로 다만

| 狐 | 皮 | 而 | ㅅ | 字 | 可 | 以 | 通 | 用 | 故 | 只 | 用 | ㅅ |
|---|---|---|---|---|---|---|---|---|---|---|---|---|
|   |   |   |   |   |   |   |   |   |   |   |   |   |

字且ㅇ聲淡而虛不必用於終而
자 차 성 담 이 허 불 필 용 어 종 이

ㅅ자를 쓴다. 또 ㅇ는 소리가 맑으면서 비어 있어서 반드시 끝소리에 쓰지 않아도 된다. 그래서

| 字 | 且 | ㅇ | 聲 | 淡 | 而 | 虛 | 不 | 必 | 用 | 於 | 終 | 而 |
|---|---|---|---|---|---|---|---|---|---|---|---|---|
|   |   |   |   |   |   |   |   |   |   |   |   |   |

中 聲 可 得 聲 音 也 ㄷ 如 뼏 為 彆 ㄴ

중 성 가 득 성 음 야　여　위 별

가운뎃소리만으로 가히 소리를 이룰 수 있다. ㄷ는 뼏과 같이 彆(활 뒤틀릴 별)이 되고, ㄴ는

中 聲 可 得 聲 音 也 ㄷ 如 뼏 為 彆 ㄴ

如 군 為 君 ㅂ 如 업 為 業 ㅁ 如 땀 為

여　위 군　여　위 업　여　위

군과 같이 君(임금 군)이 되고, ㅂ는 업과 같이 業(업 업)이 되고, ㅁ는 땀과 같이

如 군 為 君 ㅂ 如 업 為 業 ㅁ 如 땀· 為

覃 ㅅ 如 諺 語·옷 為 衣 ㄹ 如 諺 語:실

담　여 언 어　위 의　여 언 어

覃(미칠 담)이 된다. ㅅ는 우리말의 옷과 같이 衣(옷 의)가 되고, ㄹ는 우리말의 :실과 같이

覃 ㅅ 如 諺 語·옷 為 衣 ㄹ 如 諺 語:실

為 絲 之 類 五 音 之 緩 急 亦 各 自 為

위 사 지 류 오 음 지 완 급 역 각 자 위

絲(실 사)가 되는 유이다. 오음은 느리고 빠름이 또한 각기 저절로

為 絲 之 類 五 音 之 緩 急 亦 各 自 為

對如牙之ㆁ與ㄱ為對而ㆁ促呼
대 여 아 지 　 여 　 위 대 이 　 촉 호

대가 되어서 어금닛소리가 ㆁ와 ㄱ의 대가 됨과 같다. 그러나 ㆁ는 빠르게 부르면

對 如 牙 之 ㆁ 與 ㄱ 為 對 而 ㆁ 促 呼

則變為ㄱ而急ㄱ舒出則變為ㆁ
즉 변 위 　 이 급 서 출 즉 변 위

변하여 ㄱ가 되어 급해지고 ㄱ를 천천히 내면 변하여 ㆁ가 되어서

則 變 為 ㄱ 而 急 ㄱ 舒 出 則 變 為 ㆁ

而緩舌之ㄴㄷ脣之ㅁㅂ齒之△
이 완 설 지 　 순 지 　 치 지

느려진다. 혓소리의 ㄴ, ㄷ와 입술소리의 ㅁ, ㅂ와 잇소리의 △,

而 緩 舌 之 ㄴ ㄷ 脣 之 ㅁ ㅂ 齒 之 △

ㅅ喉之ㅇㆆ其緩急相對亦猶是
후 지 　 　 기 완 급 상 대 역 유 시

ㅅ와 목구멍소리의 ㅇ, ㆆ는 그 느리고 빠름의 상대가 또한 이와 같다.

ㅅ 喉 之 ㅇ ㆆ 其 緩 急 相 對 亦 猶 是

也 且 半 舌 之 ㄹ 當 用 於 諺 而 不 可
야 차 반 설 지　　당 용 어 언 이 불 가

또 반혓소리의 ㄹ는 마땅히 우리말에 쓰이지만, 그러나

也 且 半 舌 之 ㄹ 當 用 於 諺 而 不 可

用 於 文 如 入 聲 之 彆 字 終 聲 當 用
용 어 문 여 입 성 지 별 자 종 성 당 용

한문에는 쓸 수 없으니 입성의 彆(볃)자가 끝소리에서는 마땅히 ㄷ를 쓰는 것과 같다.

用 於 文 如 入 聲 之 彆 字 終 聲 當 用

ㄷ 而 俗 習 讀 爲 ㄹ 盖 ㄷ 變 而 爲 輕
　 이 속 습 독 위　 개 변 이 위 경

그래서 시속에서는 익힐 때 ㄹ로 읽는다. 대개 ㄷ가 변하여서 가볍게 되는 것이다.

ㄷ 而 俗 習 讀 爲 ㄹ 盖 ㄷ 變 而 爲 輕

也 若 用 ㄹ 爲 彆 之 終 則 其 聲 舒 緩
야 약 용　 위 별 지 종 즉 기 성 서 완

만약 ㄹ를 彆(볃)의 끝소리로 쓴다면 그 소리가 느리어

也 若 用 ㄹ 爲 彆 之 終 則 其 聲 舒 緩

不爲入也訣曰
불 위 입 야 결 왈

입성이 되지 않는다. 요결로 말하자면 :

| 不 | 爲 | 入 | 也 | 訣 | 曰 | |
|---|---|---|---|---|---|---|
| | | | | | | |

不淸不濁用於終
불 청 불 탁 용 어 종

불청불탁을 끝소리에 쓴다면

| | 不 | 淸 | 不 | 濁 | 用 | 於 | 終 |
|---|---|---|---|---|---|---|---|
| | | | | | | | |

爲平上去不爲入
위 평 상 거 불 위 입

평, 상, 거성이 되고 입성이 되지 않으며

| | 爲 | 平 | 上 | 去 | 不 | 爲 | 入 |
|---|---|---|---|---|---|---|---|
| | | | | | | | |

全淸次淸及全濁
전 청 차 청 급 전 탁

전청과 차청 및 전탁은

| | 全 | 淸 | 次 | 淸 | 及 | 全 | 濁 |
|---|---|---|---|---|---|---|---|
| | | | | | | | |

是皆爲入聲促急
시 개 위 입 성 촉 급

이것은 모두 입성이 되어 촉박하며 매우 급하다.

| 是 | 皆 | 爲 | 入 | 聲 | 促 | 急 |
|---|---|---|---|---|---|---|
|  |  |  |  |  |  |  |

初作終聲理固然
초 작 종 성 이 고 연

첫소리로 끝소리를 짓는 이치는 그러하다.

| 初 | 作 | 終 | 聲 | 理 | 固 | 然 |
|---|---|---|---|---|---|---|
|  |  |  |  |  |  |  |

只將八字用不窮
지 장 팔 자 용 불 궁

다만 장차 여덟 자만 써도 궁하지 않다.

| 只 | 將 | 八 | 字 | 用 | 不 | 窮 |
|---|---|---|---|---|---|---|
|  |  |  |  |  |  |  |

唯有欲聲所當處
유 유 욕 성 소 당 처

오직 ㅇ(欲) 소리만은 마땅히 처할 바가

| 唯 | 有 | 欲 | 聲 | 所 | 當 | 處 |
|---|---|---|---|---|---|---|
|  |  |  |  |  |  |  |

中 聲 成 音 亦 可 通
중 성 성 음 역 가 통

가운뎃소리로 음을 이루어 또한 가히 통한다.

| 中 | 聲 | 成 | 音 | 亦 | 可 | 通 |
|---|---|---|---|---|---|---|
| | | | | | | |

若 書 即 字 終 用 君
약 서 즉 자 종 용 군

만약 即(즉) 자를 쓰려면 끝에 ㄱ(君)를 쓰고,

| 若 | 書 | 即 | 字 | 終 | 用 | 君 |
|---|---|---|---|---|---|---|
| | | | | | | |

洪 彆 亦 以 業 斗 終
홍 별 역 이 업 두 종

ᅘᅩᇰ(洪), 彆(볋) 또한 ㆁ(業)와 둫(斗)가 끝소리이다

| 洪 | 彆 | 亦 | 以 | 業 | 斗 | 終 |
|---|---|---|---|---|---|---|
| | | | | | | |

君 業 覃 終 又 何 如
군 업 담 종 우 하 여

군(君), 업(業), 땀(覃)의 끝소리는 또 어떠할까?

| 君 | 業 | 覃 | 終 | 又 | 何 | 如 |
|---|---|---|---|---|---|---|
| | | | | | | |

以那彆彌次第推
이 나 별 미 차 제 추

ㄴ(那), ㅂ(彆), ㅁ(彌)로써 차례로 미루어 알 수 있다.

| 以 | 那 | 彆 | 彌 | 次 | 第 | 推 |
|---|---|---|---|---|---|---|
|  |  |  |  |  |  |  |

六聲通乎文與諺
육 성 통 호 문 여 언

여섯 자의 소리는 한문과 우리말에 통한다.

| 六 | 聲 | 通 | 乎 | 文 | 與 | 諺 |
|---|---|---|---|---|---|---|
|  |  |  |  |  |  |  |

戌閭用於諺衣絲
슐 려 용 어 언 의 사

戌(슗), 閭(령)는 우리말의 衣(의)와 絲(사)에만 쓰인다.

| 戌 | 閭 | 用 | 於 | 諺 | 衣 | 絲 |
|---|---|---|---|---|---|---|
|  |  |  |  |  |  |  |

五音緩急各自對
오 음 완 급 각 자 대

오음의 느리고 빠름이 각기 저절로 대가 되니

| 五 | 音 | 緩 | 急 | 各 | 自 | 對 |
|---|---|---|---|---|---|---|
|  |  |  |  |  |  |  |

君聲迺是業之促
군 성 내 시 업 지 촉

君(군) 소리는 이에 바로 業(업)이 빠르게 된 것이고

| 君 | 聲 | 迺 | 是 | 業 | 之 | 促 |
|---|---|---|---|---|---|---|
|  |  |  |  |  |  |  |

斗彆聲緩爲那彌
두 별 성 완 위 나 미

斗(둫)와 彆(볋) 소리의 느림은 那(낭)와 彌(밍)가 된다.

| 斗 | 彆 | 聲 | 緩 | 爲 | 那 | 彌 |
|---|---|---|---|---|---|---|
|  |  |  |  |  |  |  |

穰欲亦對戌與挹
양 욕 역 대 술 여 읍

穰(양), 欲(욕) 또한 戌(슗)과 挹(흡)의 대가 된다

| 穰 | 欲 | 亦 | 對 | 戌 | 與 | 挹 |
|---|---|---|---|---|---|---|
|  |  |  |  |  |  |  |

閭宜於諺不宜文
려 의 어 언 불 의 문

閭(령)는 우리말에는 마땅하나 한문에는 마땅하지 않다.

| 閭 | 宜 | 於 | 諺 | 不 | 宜 | 文 |
|---|---|---|---|---|---|---|
|  |  |  |  |  |  |  |

斗輕爲閭是俗習

두 경 위 려 시 속 습

ㄷ(斗)가 가볍게 ㄹ(閭) 됨은 시속의 습관이라.

| | 斗 | 輕 | 爲 | 閭 | 是 | 俗 | 習 | |
|---|---|---|---|---|---|---|---|---|
| | | | | | | | | |

合字解

합 자 해

글자를 어울려 쓰는 것에 대한 풀이

| 合 | 字 | 解 | |
|---|---|---|---|
| | | | |

初中終三聲合而成字初聲或在

초 중 종 삼 성 합 이 성 자 초 성 혹 재

첫소리, 가운뎃소리, 끝소리의 세 소리는 어울려야 글자를 이룬다. 첫소리는 혹

| 初 | 中 | 終 | 三 | 聲 | 合 | 而 | 成 | 字 | 初 | 聲 | 或 | 在 |
|---|---|---|---|---|---|---|---|---|---|---|---|---|
| | | | | | | | | | | | | |

中聲之上或在中聲之左如君字

중 성 지 상 혹 재 중 성 지 좌 여 군 자

가운뎃소리의 위에 놓이거나 혹은 가운뎃소리의 왼쪽에 놓인다. 君(군) 字의

| 中 | 聲 | 之 | 上 | 或 | 在 | 中 | 聲 | 之 | 左 | 如 | 君 | 字 |
|---|---|---|---|---|---|---|---|---|---|---|---|---|
| | | | | | | | | | | | | |

ㄱ 在 ㆍ 上 業 字 ㅇ 在 ㅓ 左 之 類 中
재　　　상 업 자　　　재　　　좌 지 류 증

ㄱ가 ㆍ위에 있고 業(일 업)자의 ㅇ가 ㅓ왼쪽에 있는 유와 같다. 가운뎃소리는

| ㄱ | 在 | ㆍ | 上 | 業 | 字 | ㅇ | 在 | ㅓ | 左 | 之 | 類 | 中 |
|---|---|---|---|---|---|---|---|---|---|---|---|---|
|  |  |  |  |  |  |  |  |  |  |  |  |  |

聲 則 圓 者 橫 者 在 初 聲 之 下 ㆍ ㅡ
성 즉 원 자 횡 자 재 초 성 지 하

둥근 것과 가로로 된 것은 첫소리의 아래에 놓이는데, ㆍ와 ㅡ와

| 聲 | 則 | 圓 | 者 | 橫 | 者 | 在 | 初 | 聲 | 之 | 下 | ㆍ | ㅡ |
|---|---|---|---|---|---|---|---|---|---|---|---|---|
|  |  |  |  |  |  |  |  |  |  |  |  |  |

ㅗ ㅛ ㅜ ㅠ 是 也 縱 者 在 初 聲 之 右
시 야 종 자 재 초 성 지 우

ㅗ와 ㅛ와 ㅜ와 ㅠ가 이것이다. 세로로 된 것은 첫소리의 오른쪽에 놓이는데,

| ㅗ | ㅛ | ㅜ | ㅠ | 是 | 也 | 縱 | 者 | 在 | 初 | 聲 | 之 | 右 |
|---|---|---|---|---|---|---|---|---|---|---|---|---|
|  |  |  |  |  |  |  |  |  |  |  |  |  |

ㅣ ㅏ ㅑ ㅓ ㅕ 是 也 如 吞 字 ㆍ 在 ㅌ
시 야 여 탄 자 재

ㅣ와 ㅏ와 ㅑ와 ㅓ와 ㅕ가 이것이다. 呑(삼킬 튼) 字의 ㆍ가 ㅌ의

| ㅣ | ㅏ | ㅑ | ㅓ | ㅕ | 是 | 也 | 如 | 吞 | 字 | ㆍ | 在 | ㅌ |
|---|---|---|---|---|---|---|---|---|---|---|---|---|
|  |  |  |  |  |  |  |  |  |  |  |  |  |

| 下 | 即 | 字 | 一 | 在 | ㅈ | 下 | 侵 | 字 | ㅣ | 在 | ㅊ | 右 |
|---|---|---|---|---|---|---|---|---|---|---|---|---|
| 하 | 즉 | 자 |  | 재 |  | 하 | 침 | 자 |  | 재 |  | 우 |

아래에 있는 것과 같다. 即(곧 즉) 字의 一는 ㅈ의 아래에 있고, 侵(침노할 침) 字의 ㅣ는 ㅊ의 오른쪽에 놓이는

| 下 | 即 | 字 | 一 | 在 | ㅈ | 下 | 侵 | 字 | ㅣ | 在 | ㅊ | 右 |
|---|---|---|---|---|---|---|---|---|---|---|---|---|
|  |  |  |  |  |  |  |  |  |  |  |  |  |

| 之 | 類 | 終 | 聲 | 在 | 初 | 中 | 之 | 下 | 如 | 君 | 字 | ㄴ |
|---|---|---|---|---|---|---|---|---|---|---|---|---|
| 지 | 류 | 종 | 성 | 재 | 초 | 중 | 지 | 하 | 여 | 군 | 자 |  |

유와 같다. 끝소리는 첫소리와 가운뎃소리의 아래에 놓인다. 君(임금 군) 字의 ㄴ는

| 之 | 類 | 終 | 聲 | 在 | 初 | 中 | 之 | 下 | 如 | 君 | 字 | ㄴ |
|---|---|---|---|---|---|---|---|---|---|---|---|---|
|  |  |  |  |  |  |  |  |  |  |  |  |  |

| 在 | ㄱ | 下 | 業 | 字 | ㅂ | 在 | 어 | 下 | 之 | 類 | 初 | 聲 |
|---|---|---|---|---|---|---|---|---|---|---|---|---|
| 재 |  | 하 | 업 | 자 |  | 재 |  | 하 | 지 | 류 | 초 | 성 |

ㄱ의 아래에 놓이고, 業(일 업) 字의 ㅂ는 어 아래에 놓이는 유와 같다. 첫소리의

| 在 | ㄱ | 下 | 業 | 字 | ㅂ | 在 | 어 | 下 | 之 | 類 | 初 | 聲 |
|---|---|---|---|---|---|---|---|---|---|---|---|---|
|  |  |  |  |  |  |  |  |  |  |  |  |  |

| 二 | 字 | 三 | 字 | 合 | 用 | 並 | 書 | 如 | 諺 | 語 | ㅆ | 為 |
|---|---|---|---|---|---|---|---|---|---|---|---|---|
| 이 | 자 | 삼 | 자 | 합 | 용 | 병 | 서 | 여 | 언 | 어 |  | 위 |

두 글자나 세 글자를 합쳐서 써서 나란히 쓴다. 우리말의 ·따가

| 二 | 字 | 三 | 字 | 合 | 用 | 並 | 書 | 如 | 諺 | 語 | ·싸 | 為 |
|---|---|---|---|---|---|---|---|---|---|---|---|---|
|  |  |  |  |  |  |  |  |  |  |  |  |  |

地 빡· 爲 隻 썸 爲 隙 之 類 各 自 並 書
지　　　위　척　　　위　극　지　류　각　자　병　서

地(땅 지)가 되고, 빡이 隻(짝 척)이 되고, 썸이 隙(틈 극)이 되는 유와 같다. 각자 나란히 쓰면

地 빡· 爲 隻· 썸 爲 隙 之 類 各 自 並 書

如 諺 語 ·혀 爲 舌 而 ·ᅘᅧ 爲 引 괴·여 爲
여　언　어　　　위　설　이　　　위　인　　　　위

우리말 ·혀는 舌(혀 설)이 되지만 ·ᅘᅧ는 引(끌 인)이 되고 괴·여는

如 諺 語 ·혀 爲 舌 而 ·ᅘᅧ 爲 引 괴 ·여 爲

我 愛 人 而 괴 ·여 爲 人 愛 我 소·다 爲
아　애　인　이　　　　위　인　애　아　　　위

'내가 사랑하는 사람'이 되지만 괴·여라고 하면 '남이 나를 사랑한다'가 되고 소다는

我 愛 人 而 괴 ·여 爲 人 愛 我 소 ·다 爲

覆 物 而 쏘·다 爲 射 之 之 類 中 聲 二
복　물　이　　　위　사　지　지　류　중　성　이

'물건을 덮는다'가 되지만 쏘다는 '그것을 쏜다'는 유와 같다. 가운뎃소리의 두

覆 物 而 쏘 ·다 爲 射 之 之 類 中 聲 二

字 三 字 合 用 如 諺 語 과 為 琴 柱 홰
자 삼 자 합 용 여 언 어 위 금 주

글자, 세 글자를 어울려 쓰면 우리말의 과는 琴柱(거문고 금/기둥 주)[34]가 되고 홰는

字 三 字 合 用 如 諺 語 과 為 琴 柱 홰

為 炬 之 類 終 聲 二 字 三 字 合 用 如
위 거 지 류 종 성 이 자 삼 자 합 용 여

炬(횃불 거)가 되는 유이다. 끝소리의 두 글자나 세 글자를 합용하면

為 炬 之 類 終 聲 二 字 三 字 合 用 如

諺 語 흙 為 土 낛 為 釣 돐ᄢ 빼 為 酉 時
언 어 위 토 위 조 위 유 시

우리말 흙이 土(흙 토)가 되고 낛이 釣(낚시 조)가 되고 돐ᄢ때는 酉時(닭 유/때 시)[35]가 되는 유와 같다.

諺 語 흙 為 土 낛 為 釣 돐ᄢ 빼 為 酉 時

之 類 其 合 用 並 書 自 左 而 右 初 中
지 류 기 합 용 병 서 자 좌 이 우 초 중

그 어울려 쓰는 것과 나란히 쓸 때 왼쪽으로부터 오른쪽으로 쓰는 것이 첫소리·가운뎃소리

之 類 其 合 用 並 書 自 左 而 右 初 中

終三聲皆同文與諺雜用則有因
종 삼 성 개 동 문 여 언 잡 용 즉 유 인

끝소리 세 소리가 모두 같다. 한문과 우리말을 섞어 쓴다면

| 終 | 三 | 聲 | 皆 | 同 | 文 | 與 | 諺 | 雜 | 用 | 則 | 有 | 因 |
|---|---|---|---|---|---|---|---|---|---|---|---|---|
|  |  |  |  |  |  |  |  |  |  |  |  |  |

字音而補以中終聲者如孔子ㅣ
자 음 이 보 이 중 종 성 자 여 공 자

한자의 음으로 인하여서 가운뎃소리, 끝소리로 보충할 것이 있다. 공자에 ㅣ가 붙으면

| 字 | 音 | 而 | 補 | 以 | 中 | 終 | 聲 | 者 | 如 | 孔 | 子 | ㅣ |
|---|---|---|---|---|---|---|---|---|---|---|---|---|
|  |  |  |  |  |  |  |  |  |  |  |  |  |

魯ㅅ:사룸之類諺語平上去入如
노 지 류 언 어 평 상 거 입 여

노나라의[ㅅ] :사룸이 되는 유와 같다. 우리말 평·상·거·입성은

| 魯 | ㅅ | :사 | 룸 | 之 | 類 | 諺 | 語 | 平 | 上 | 去 | 入 | 如 |
|---|---|---|---|---|---|---|---|---|---|---|---|---|
|  |  |  |  |  |  |  |  |  |  |  |  |  |

활爲弓而其聲平:돌爲石而其聲
위 궁 이 기 성 평 위 석 이 기 성

활이 弓(활 궁)이 되어서 그 소리는 평성이고 :돌이 石(돌 석)이 되면 그 소리는

| 활 | 爲 | 弓 | 而 | 其 | 聲 | 平 | :돌 | 爲 | 石 | 而 | 其 | 聲 |
|---|---|---|---|---|---|---|---|---|---|---|---|---|
|  |  |  |  |  |  |  |  |  |  |  |  |  |

상성이 되고, ·갈은 刀(칼 도)가 되면 그 소리가 거성이 되고 ·붇이 筆(붓 필)이 되면 그

上 ·갈 為 刀 而 其 聲 去 ·붇 為 筆 而 其

聲 入 之 類 凡 字 之 左 加 一 點 為 去
성 입 지 류 범 자 지 좌 가 일 점 위 거

소리는 입성이 되는 유와 같다. 모든 글자의 왼쪽에 한 점을 더하면 거성이

聲 入 之 類 凡 字 之 左 加 一 點 為 去

聲 二 點 為 上 聲 無 點 為 平 聲 而 文
성 이 점 위 상 성 무 점 위 평 성 이 문

되고, 두 점이면 상성이 되고, 점이 없으면 평성이 된다. 그러나 문자의

聲 二 點 為 上 聲 無 點 為 平 聲 而 文

之 入 聲 與 去 聲 相 似 諺 之 入 聲 無
지 입 성 여 거 성 상 사 언 지 입 성 무

입성은 (우리말의)거성과 서로 비슷하다. 우리말의 입성은

之 入 聲 與 去 聲 相 似 諺 之 入 聲 無

定 或 似 平 聲 如 긷 爲 柱 녑 爲 脅 或
정 혹 사 평 성 여 　 위 주 　 위 협 혹

정해진 바가 없으니 혹은 평성과 비슷하다. 긷이 柱(기둥 주)가 되고 녑이 脅(옆구리 협)이 됨과 같다. 혹은

定 或 似 平 聲 如 긷 爲 柱 녑 爲 脅 或

似 上 聲 如 :낟 爲 穀 :깁 爲 繒 或 似 去
사 상 성 여 　 위 곡 　 위 증 혹 사 거

상성과 비슷하여 :낟이 穀(곡식 곡)이 되고 :깁은 繒(비단 증)이 됨과 같다. 혹은 거성과 비슷하여

似 上 聲 如 :낟 爲 穀 :깁 爲 繒 或 似 去

聲 如 ·몯 爲 釘 ·입 爲 口 之 額 其 加 點
성 여 　 위 정 　 위 구 지 류 기 가 점

·몯이 釘(못 정)이 되고, ·입이 口(입 구)의 유가 됨과 같다. 그 점을 더하면

聲 如 ·몯 爲 釘 ·입 爲 口 之 類 其 加 點

則 與 平 上 去 同 平 聲 安 而 和 春 也
즉 여 평 상 거 동 평 성 안 이 화 춘 야

평·상·거와 더불어 같다. 평성은 안정되면서 화하니 봄이다.

則 與 平 上 去 同 平 聲 安 而 和 春 也

萬物舒泰上聲和而擧夏也萬物
만 물 서 태 상 성 화 이 거 하 야 만 물

만물이 천천히 피어 자람이다. 상성은 화하면서 들어지니 여름이다. 만물이

| 萬 | 物 | 舒 | 泰 | 上 | 聲 | 和 | 而 | 擧 | 夏 | 也 | 萬 | 物 |
|---|---|---|---|---|---|---|---|---|---|---|---|---|
|   |   |   |   |   |   |   |   |   |   |   |   |   |

漸盛去聲擧而壯秋也萬物成熟
점 성 거 성 거 이 장 추 야 만 물 성 숙

점차 성함이다. 거성은 들어지면서 굳세지니 가을이다. 만물이 성숙해진다.

| 漸 | 盛 | 去 | 聲 | 擧 | 而 | 壯 | 秋 | 也 | 萬 | 物 | 成 | 熟 |
|---|---|---|---|---|---|---|---|---|---|---|---|---|
|   |   |   |   |   |   |   |   |   |   |   |   |   |

入聲促而塞冬也萬物閉藏初聲
입 성 촉 이 색 동 야 만 물 폐 장 초 성

입성은 빠르면서 막히니 겨울이다. 만물이 폐장[36]한다. 첫소리의

| 入 | 聲 | 促 | 而 | 塞 | 冬 | 也 | 萬 | 物 | 閉 | 藏 | 初 | 聲 |
|---|---|---|---|---|---|---|---|---|---|---|---|---|
|   |   |   |   |   |   |   |   |   |   |   |   |   |

之ㆆ與ㅇ相似於諺可以通用也
지 여 상 사 어 언 가 이 통 용 야

ㆆ와 ㅇ는 서로 비슷하여 우리말에서 통용될 수 있다.

| 之 | ㆆ | 與 | ㅇ | 相 | 似 | 於 | 諺 | 可 | 以 | 通 | 用 | 也 |
|---|---|---|---|---|---|---|---|---|---|---|---|---|
|   |   |   |   |   |   |   |   |   |   |   |   |   |

半舌有輕重二音然韻書字母唯
반 설 유 경 중 이 음 연 운 서 자 모 유

반혓소리에는 가볍고 무거움의 두 소리가 있다. 그러나 운서의 子母에서는 (구별하지 않고)오직

半 舌 有 輕 重 二 音 然 韻 書 字 母 唯

一且國語雖不分輕重皆得成音
일 차 국 어 수 불 분 경 중 개 득 성 음

하나이다. 또한 우리나라 말에서는 비록 가볍고 무거움으로 나누지 않으나 모두 소리를 이루어 낸다.

一 且 國 語 雖 不 分 輕 重 皆 得 成 音

若欲備用則依脣輕例○連書ㄹ
약 욕 비 용 즉 의 순 경 례 연 서

만일 별도로 쓰고자 한다면, 입술 가벼운 소리의 예에 따라, ㅇ를 ㄹ의

若 欲 備 用 則 依 脣 輕 例 ○ 連 書 ㄹ

下為半舌輕音舌乍附上腭 · 一
하 위 반 설 경 음 설 사 부 상 악

아래 붙여 써 반입술 가벼운 소리가 되는데, 혀가 윗잇몸에 잠깐만 붙는다. · 와 一가

下 為 半 舌 輕 音 舌 乍 附 上 腭 · 一

起丨聲於國語無用兒童之言邊
기 성 어 국 어 무 용 아 동 지 언 변

丨 소리에서 일어나는 것은 우리나라 말에서 쓰임이 없고, 어린이 말이나

起丨聲於國語無用兒童之言邊

野之語或有之當合二字而用如
야 지 어 혹 유 지 당 합 이 자 이 용 여

시골말에 간혹 있기도 한데, 마땅히 두 글자를 어울려 쓸 것이니

野之語或有之當合二字而用如

ㄱ!ㄲ之類其先從後橫與他不同
지 류 기 선 종 후 횡 여 타 부 동

ㄱ!ㄲ의 유와 같다. 그 먼저 세로를 쓰고 뒤에 가로로 쓰는 것은 다른 글자와 같지 않다.

ㄱ!ㄲ之類其先從後橫與他不同

訣曰
결 왈

요결로 말하자면 :

訣曰

初聲在中聲左上
초 성 재 중 성 좌 상

첫소리는 가운뎃소리의 왼쪽이나 위에 있는데

| 初 | 聲 | 在 | 中 | 聲 | 左 | 上 |
|---|---|---|---|---|---|---|
|   |   |   |   |   |   |   |

挹欲於諺用相同
읍 욕 어 언 용 상 동

ㆆ(挹)와 ㅇ(欲)는 우리말에서 서로 같게 쓰인다

| 挹 | 欲 | 於 | 諺 | 用 | 相 | 同 |
|---|---|---|---|---|---|---|
|   |   |   |   |   |   |   |

中聲十一附初聲
중 성 십 일 부 초 성

가운뎃소리의 열 한자를 첫소리에 붙일 때

| 中 | 聲 | 十 | 一 | 附 | 初 | 聲 |
|---|---|---|---|---|---|---|
|   |   |   |   |   |   |   |

圓橫書下右書縱
원 횡 서 하 우 서 종

원과 가로획은 아래와 오른쪽에 쓰는데, 세로는

| 圓 | 橫 | 書 | 下 | 右 | 書 | 縱 |
|---|---|---|---|---|---|---|
|   |   |   |   |   |   |   |

欲書終聲在何處
욕 서 종 성 재 하 처

끝소리를 쓰려면 어느 곳에 있어야 하는가?

| | 欲 | 書 | 終 | 聲 | 在 | 何 | 處 | |
|---|---|---|---|---|---|---|---|---|
| | | | | | | | | |

初中聲下接着寫
초 중 성 하 접 착 사

첫·끝소리를 아래에 붙어서 써야 한다.

| | 初 | 中 | 聲 | 下 | 接 | 着 | 寫 | |
|---|---|---|---|---|---|---|---|---|
| | | | | | | | | |

初終合用各並書
초 종 합 용 각 병 서

첫·끝소리를 모아서 쓰려면 각각 나란히 쓰며

| | 初 | 終 | 合 | 用 | 各 | 並 | 書 | |
|---|---|---|---|---|---|---|---|---|
| | | | | | | | | |

中亦有合悉自左
중 역 유 합 실 자 좌

가운뎃소리 또한 합해 쓰되 다 좌로부터 쓴다.

| | 中 | 亦 | 有 | 合 | 悉 | 自 | 左 | |
|---|---|---|---|---|---|---|---|---|
| | | | | | | | | |

훈민정음 해례본 경필 쓰기　　　　　　　　　　**103**

諺之四聲何以辨
언 지 사 성 하 이 변

우리말의 사성은 어떻게 분별하나?

| 諺 | 之 | 四 | 聲 | 何 | 以 | 辨 |
|---|---|---|---|---|---|---|
| | | | | | | |

平聲則弓上則石
평 성 즉 궁 상 즉 석

활(弓)이면 평성이고, :돌(石)이면 상성이다.

| 平 | 聲 | 則 | 弓 | 上 | 則 | 石 |
|---|---|---|---|---|---|---|
| | | | | | | |

刀爲去而筆爲入
도 위 거 이 필 위 입

·갈(刀)은 거성이고, ·붇(筆)은 입성이다.

| 刀 | 爲 | 去 | 而 | 筆 | 爲 | 入 |
|---|---|---|---|---|---|---|
| | | | | | | |

觀此四物他可識
관 차 사 물 타 가 식

이 네 가지 사물을 보아서 다른 것도 가히 알 수 있다.

| 觀 | 此 | 四 | 物 | 他 | 可 | 識 |
|---|---|---|---|---|---|---|
| | | | | | | |

音因左點四聲分
음 인 좌 점 사 성 분

음은 왼쪽의 점으로 인하여서 사성을 나누니

| 音 | 因 | 左 | 點 | 四 | 聲 | 分 |
|---|---|---|---|---|---|---|
|   |   |   |   |   |   |   |

一去二上無點平
일 거 이 상 무 점 평

하나는 거성, 둘은 상성, 점이 없으면 평성이다.

| 一 | 去 | 二 | 上 | 無 | 點 | 平 |
|---|---|---|---|---|---|---|
|   |   |   |   |   |   |   |

語入無定亦加點
어 입 무 정 역 가 점

말의 입성은 정함이 없고 또한 점을 더한다.

| 語 | 入 | 無 | 定 | 亦 | 加 | 點 |
|---|---|---|---|---|---|---|
|   |   |   |   |   |   |   |

文之入則似去聲
문 지 입 즉 사 거 성

한문의 입성은 거성과 비슷하다.

| 文 | 之 | 入 | 則 | 似 | 去 | 聲 |
|---|---|---|---|---|---|---|
|   |   |   |   |   |   |   |

方言俚語萬不同
방 언 이 어 만 부 동

방언[37]과 이어[38]가 일만 가지나 같지 않아서

| | 方 | 言 | 俚 | 語 | 萬 | 不 | 同 |
|---|---|---|---|---|---|---|---|
| | | | | | | | |

有聲無字書難通
유 성 무 자 서 난 통

소리가 있고 글자가 없어서 써서 통하기 어렵다.

| | 有 | 聲 | 無 | 字 | 書 | 難 | 通 |
|---|---|---|---|---|---|---|---|
| | | | | | | | |

一朝
일 조

하루아침에

| | 一 | 朝 | | | | | |
|---|---|---|---|---|---|---|---|
| | | | | | | | |

制作侔神工
제 작 모 신 공

만들어 힘쓴 것은 신공이니

| | 制 | 作 | 侔 | 神 | 工 | | |
|---|---|---|---|---|---|---|---|
| | | | | | | | |

# 大東千古開矇矓
대 동 천 고 개 몽 롱

동방의 큰 나라 아주 오랜 세월 동안의 희미한 의식을 열었다.

| 大 | 東 | 千 | 古 | 開 | 矇 | 矓 |
|---|---|---|---|---|---|---|
| | | | | | | |

# 用字例
용 자 례

글자를 사용하는 예

| 用 | 字 | 例 |
|---|---|---|
| | | |

## 初聲ㄱ如:감爲柿·골爲蘆ㅋ如우
초 성 　 여 　 위 시 　 위 로 　 여

첫소리 ㄱ는 :감이 柿(감나무 시)가 되고, ·골이 蘆(갈대 로)가 됨과 같다. ㅋ는 우

| 初 | 聲 | ㄱ | 如 | :감 | 爲 | 柿 | ·골 | 爲 | 蘆 | ㅋ | 如 | 우 |
|---|---|---|---|---|---|---|---|---|---|---|---|---|
| | | | | | | | | | | | | |

## ·케爲未舂稻콩爲大豆ㅇ如러·울
위 미 용 도 　 위 대 두 　 여

·케가 未舂稻(아닐 미/찧을 용/벼 도)가 되고, 콩이 大豆(큰 대/콩 두)가 됨과 같다. ㅇ는 러·울이

| ·케 | 爲 | 未 | 舂 | 稻 | 콩 | 爲 | 大 | 豆 | ㅇ | 如 | 러 | ·울 |
|---|---|---|---|---|---|---|---|---|---|---|---|---|
| | | | | | | | | | | | | |

為獺 시에 為流澌 ㄷ 如뒤 為茅 담

위 달　　위 유 시　　여　　위 모

獺(수달 달)이 되고, 시에가 流澌(흐를 유/성엣장 시)가 됨과 같다. ㄷ는 뒤가 茅(띠 모)가 되고, 담이

| 為 | 獺 | 시 | 에 | 為 | 流 | 澌 | ㄷ | 如 | 뒤 | 為 | 茅 | 담 |
|---|---|---|---|---|---|---|---|---|---|---|---|---|
|  |  |  |  |  |  |  |  |  |  |  |  |  |

為墙 ㅌ 如 고티 為繭 두텁 為蟾蜍

위 장　　여　　위 견　　위 섬 서

墙(담 장)이 됨과 같다. ㅌ는 고티가 繭(고치 견)이 되고, 이 蟾蜍(두거비 섬/두꺼비 서)가 됨과 같다.

| 為 | 墙 | ㅌ | 如 | 고 | 티 | 為 | 繭 | 두 | 텁 | 為 | 蟾 | 蜍 |
|---|---|---|---|---|---|---|---|---|---|---|---|---|
|  |  |  |  |  |  |  |  |  |  |  |  |  |

ㄴ 如 노로 為獐 납 為猿 ㅂ 如 볼 為

여　　위 장　　위 원　　여　　위

ㄴ는 노로가 獐(노루 장)이 되고, 납이 猿(원숭이 원)이 됨과 같다. ㅂ는 볼이

| ㄴ | 如 | 노 | 로 | 為 | 獐 | 납 | 為 | 猿 | ㅂ | 如 | 볼 | 為 |
|---|---|---|---|---|---|---|---|---|---|---|---|---|
|  |  |  |  |  |  |  |  |  |  |  |  |  |

臂 :벌 為蜂 ㅍ 如 파 為蔥 풀 為蠅 ㅁ

비　　위 봉　　여　　위 총　　위 승

臂(팔 비)가 되고, :벌이 蜂(벌 봉)이 됨과 같다. ㅍ는 파가 蔥(파 총)이 되고, 풀이 蠅(파리 승)이 됨과 같다. ㅁ는

| 臂 | :벌 | 為 | 蜂 | ㅍ | 如 | 파 | 為 | 蔥 | 풀 | 為 | 蠅 | ㅁ |
|---|---|---|---|---|---|---|---|---|---|---|---|---|
|  |  |  |  |  |  |  |  |  |  |  |  |  |

如 :뫼 為 山 ·마 為 薯蕷 ᄫ 如 사·ᄫᆡ 為
여　위 산　위 서 여　여　위

:뫼가 山(뫼 산)이 되고, ·마가 薯蕷(참마 서/마 여)가 됨과 같다. ᄫ은 사·ᄫᆡ가

| 如 | :뫼 | 為 | 山 | ·마 | 為 | 薯蕷 | ᄫ | 如 | 사·ᄫᆡ | 為 |
|---|---|---|---|---|---|---|---|---|---|---|
|  |  |  |  |  |  |  |  |  |  |  |

蝦 드·ᄫᅵ 為 瓠 ㅈ 如 ·자 為 尺 죠·히 為
하　위 호 여　위 척　위

蝦(새우 하)가 되고, 드·ᄫᅵ가 瓠(표주박 호)가 됨과 같다. ㅈ는 자가 尺(자 척)이 되고, 죠·히가

| 蝦 | 드·ᄫᅵ | 為 | 瓠 | ㅈ | 如 | ·자 | 為 | 尺 | 죠·히 | 為 |
|---|---|---|---|---|---|---|---|---|---|---|
|  |  |  |  |  |  |  |  |  |  |  |

紙 ㅊ 如 ·채 為 籭 ·채 為 鞭 ㅅ 如 ·손 為
지 여　위 사　위 편 여　위

紙(종이 지)가 됨과 같다. ㅊ는 체가 籭(체 사)가 되고, ·채가 鞭(채찍 편)이 됨과 같다. ㅅ는 손이

| 紙 | ㅊ | 如 | ·채 | 為 | 籭 | ·채 | 為 | 鞭 | ㅅ | 如 | ·손 | 為 |
|---|---|---|---|---|---|---|---|---|---|---|---|---|
|  |  |  |  |  |  |  |  |  |  |  |  |  |

手 :셤 為 島 ㅎ 如 ·부헝 為 鵂鶹 ·힘 為
수　위 도 여　위 휴 류　위

手(손 수)가 되고, :셤이 島(섬 도)가 됨과 같다. ㅎ는 ·부헝이 鵂鶹(수리부엉이 휴/올빼미 류)가 되고, ·힘이

| 手 | :셤 | 為 | 島 | ㅎ | 如 | ·부 | 헝 | 為 | 鵂鶹 | ·힘 | 為 |
|---|---|---|---|---|---|---|---|---|---|---|---|
|  |  |  |  |  |  |  |  |  |  |  |  |

筋 ○ 如 ·비·육 為 鷄 雛 ·ㅂ얌 為 蛇 ㄹ

근　　여　　　　위　계　추　　위　사

筋(힘줄 근)이 됨과 같다. ○는 ·비육이 鷄雛(닭 계/병아리 추)가 되고, ·ㅂ얌이 蛇(뱀 사)가 됨과 같다. ㄹ는

| 筋 | ○ | 如 | ·비·육 | 為 | 鷄 | 雛 | ·ㅂ얌 | 為 | 蛇 | ㄹ |
|---|---|---|---|---|---|---|---|---|---|---|
|  |  |  |  |  |  |  |  |  |  |  |

如 ·무뤼 為 雹 어·름 為 氷 △ 如 아·스

여　　　　위　박　　　위　빙　　여

·무뤼가 雹(누리 박)이 되고, 어·름이 氷(얼음 빙)이 됨과 같다. △는 아·스가

| 如 | ·무뤼 | 為 | 雹 | 어·름 | 為 | 氷 | △ | 如 | 아·스 |
|---|---|---|---|---|---|---|---|---|---|
|  |  |  |  |  |  |  |  |  |  |

為 弟 :너 △ㅣ 為 鴇 中 聲 · 如 ·특 為 頤

위　제　　　　위　보　중　성　　여　위　이

弟(아우 제)가 되고, :너시가 鴇(능에 보)가 됨과 같다. 가운뎃소리 ·는 ·특이 頤(턱 이)가 되고,

| 為 | 弟 | :너 | 시 | 為 | 鴇 | 中 | 聲 | · | 如 | ·특 | 為 | 頤 |
|---|---|---|---|---|---|---|---|---|---|---|---|---|
|  |  |  |  |  |  |  |  |  |  |  |  |  |

·풋 為 小豆 두·리 為 橋 ·ㄱ래 為 楸 一

위　소　두　　　위　교　　위　추

·풋이 小豆(작을 소/콩 두)가 되고, 두·리가 橋(다리 교)가 되고, ·ㄱ래가 楸(가래나무 추)가 됨과 같다. 一는

| ·풋 | 為 | 小豆 | 두·리 | 為 | 橋 | ·ㄱ래 | 為 | 楸 | 一 |
|---|---|---|---|---|---|---|---|---|---|
|  |  |  |  |  |  |  |  |  |  |

如·믈 爲水·발·측 爲跟 그·력 爲鷹 ㄷ

| 여 | 위 | 수 | 위 | 근 | 위 | 안 |

믈이 水(물 수)가 되고, 발측이 跟(발꿈치 근)이 되고, 그력이 雁(기러기 안)이 되고, 드

如·믈 爲水·발·측 爲跟 그·력 爲雁 드

·레 爲汲器 ㅣ 如·깃 爲巢 :밀 爲蠟·피

| 위 | 급 | 기 | 여 | 위 | 소 | 위 | 랍 |

·레가 汲器(길을 급/그릇 기)가 됨과 같다. ㅣ는 깃이 巢(새집 소)가 되고, ·밀이 蠟(밀 랍)이 되고, ·피가

·레 爲汲器 ㅣ 如·깃 爲巢 :밀 爲蠟·피

爲稷·키 爲箕 ᅳ 如·눈 爲水田·톱 爲

| 위 | 직 | 위 | 기 | 여 | 위 | 수 | 전 | 위 |

稷(기장 직)이 되고, ·키가 箕(키 기)가 됨과 같다. ᅳ는 눈이 水田(물 수/밭 전)이 되고, 톱이

爲稷·키 爲箕 ᅳ 如·눈 爲水田·톱 爲

鉅 호·믜 爲鉏 벼·로 爲硯 ㅏ 如·밥 爲

| 거 | 위 | 서 | 위 | 연 | 여 | 위 |

鉅(톱 거)가 되고, 호믜가 鉏(호미 서)가 되고, 벼로가 硯(벼루 연)이 됨과 같다. ㅏ는 밥이

鉅 호·믜 爲鉏 벼·로 爲硯 ㅏ 如·밥 爲

飯·밥 爲鎌이·아 爲綜사·ᄉᆞᆷ 爲鹿 ·
반　　　위겸　　　　위종　　　　위록

飯(밥 반)이 되고, 낟이 鎌(낫 겸)이 되고, 이아가 綜(잉아 종)이 되고, 사·ᄉᆞᆷ이 鹿(사슴 록)이 됨과 같다. ·는

| 飯 | ·낟 | 爲 | 鎌 | 이 | ·아 | 爲 | 綜 | 사·ᄉᆞᆷ | 爲 | 鹿 | · |
|---|---|---|---|---|---|---|---|---|---|---|---|
|   |   |   |   |   |   |   |   |   |   |   |   |

如숯 爲炭·울 爲籬느·에 爲蚕구·리
여　　위탄　　위리　　　　위잠

숫이 炭(숯 탄)이 되고, ·울이 籬(울타리 리)가 되고, 누에가 蠶(누에 잠)이 되고, 구·리가

| 如 | 숯 | 爲 | 炭 | ·을 | 爲 | 籬 | 느·에 | 爲 | 蠶 | 구·리 |
|---|---|---|---|---|---|---|---|---|---|---|
|   |   |   |   |   |   |   |   |   |   |   |

爲銅ㅣ 如브섭 爲竈·닐 爲板서·리
위동　　여　　위조　　위판

銅(구리 동)이 됨과 같다. ㅣ는 브섭이 竈(부엌 조)가 되고, ·널이 板(널빤지 판)이 되고, 서·리가

| 爲 | 銅 | ·ㅣ | 如 | 브섭 | 爲 | 竈 | ·닐 | 爲 | 板 | 서·리 |
|---|---|---|---|---|---|---|---|---|---|---|
|   |   |   |   |   |   |   |   |   |   |   |

爲霜버들 爲柳∷ 如죵 爲奴·고욤
위상　　위류　　여　　위노

霜(서리 상)이 되고, 버들은 柳(버들 류)가 됨과 같다. ∷는 죵이 奴(종 노)가 되고, 고욤이

| 爲 | 霜 | 버·들 | 爲 | 柳 | ∷ | 如 | 죵 | 爲 | 奴 | 고 | 욤 |
|---|---|---|---|---|---|---|---|---|---|---|---|---|
|   |   |   |   |   |   |   |   |   |   |   |   |   |

為梬·쇼 為牛 삽됴 為蒼朮菜 ㅑ 如

위 영　　　위 우　　　위 창 츌 채　　여

梬(고욤나무 영)이 되고, ·쇼가 牛(소 우)가 되고, 삽됴가 蒼朮菜(푸를 창/차조 츌/나물 채)가 됨과 같으며, ㅑ는

為梬 ·쇼 為牛 삽 됴 為蒼 朮 菜 ㅑ 如

|  |  |  |  |  |  |  |  |  |  |
|---|---|---|---|---|---|---|---|---|---|
|  |  |  |  |  |  |  |  |  |  |

남샹 為龜 약 為龜鼊 다·야 為匜 쟈

　　　위 귀　　　위 구 벽　　　　위 이

남샹이 龜(거북 귀)가 되고, 약이 龜鼊(두 뿔 달린 개구리 구/거북 벽)이 되며, 다·야가 匜(주전자 이)가 되고, 쟈:

남 샹 為龜 약 為龜 鼊 다 ·야 為匜 쟈

|  |  |  |  |  |  |  |  |  |  |
|---|---|---|---|---|---|---|---|---|---|
|  |  |  |  |  |  |  |  |  |  |

감 為蕎麥皮 ㅠ 如 율·믜 為薏苡 쥭

　　위 교 맥 피　　여　　　위 의 이

감이 蕎麥皮(메밀 교/보리 맥/가죽 피)가 됨과 같다. ㅠ는 율·믜가 薏苡(율무 의/율무 이)가 되고, 쥭이

감 為蕎 麥 皮 ㅠ 如 율 ·믜 為薏 苡 쥭

|  |  |  |  |  |  |  |  |  |  |
|---|---|---|---|---|---|---|---|---|---|
|  |  |  |  |  |  |  |  |  |  |

為飯·栗 슈·룹 為雨繖 쥬·련 為帨 ㅕ

위 반 잡　　　위 우 산　　　위 세

飯栖(밥 반/나무가 부러지는 소리 잡)이 되고, 슈·룹이 雨繖(비 우/우산 산)이 되고, 쥬·련이 帨(수건 세)가 됨과 같다. ㅕ는

為飯 栖 슈 ·룹 為雨 繖 쥬 련 為帨 ㅕ

|  |  |  |  |  |  |  |  |  |  |
|---|---|---|---|---|---|---|---|---|---|
|  |  |  |  |  |  |  |  |  |  |

如 ·엿 爲 飴餹 뎔 爲 佛寺 ·뼈 爲 稻 :져

여　위　이　당　위　불　사　위　도

엿이 飴餹(엿 이/엿 당)이 되고, 뎔이 佛寺(부처 불/절 사)가 되고, 뼈가 稻(벼 도)가 되고, 져비가

如 ·엿 爲 飴餹 ·뎔 爲 佛寺 ·뼈 爲 稻 :져

:비 爲 燕 終聲 ㄱ 如 닥 爲 楮 독 爲 甕

위　연　종　성　여　위　저　위　옹

燕(제비 연)이 됨과 같다. 끝소리 ㄱ는 닥이 楮(닥나무 저)가 되고, 독이 甕(독 옹)이 됨과 같으며,

:비 爲 燕 終聲 ㄱ 如 닥 爲 楮 독 爲 甕

ㆁ 如 :굼벙 爲 蠐螬 ·올창 爲 蝌蚪 ㄷ

여　위　제　조　위　과　두

ㆁ는 :굼벙이 蠐螬(굼벵이 제/굼벵이 조)가 되고, 올창이 蝌蚪(올챙이 과/올챙이 두)가 되는 것과 같으며, ㄷ는

ㆁ 如 :굼 벙 爲 蠐螬 ·올 창 ·爲 蝌蚪 ㄷ

如 ·갇 爲 笠 싣 爲 楓 ㄴ 如 ·신 爲 屨 ·반

여　위　립　위　풍　여　위　구

갇이 笠(삿갓 립)이 되고, 싣이 楓(단풍나무 풍)이 됨과 같으며, ㄴ는 신이 屨(신 구)가 되고, 반

如 ·갇 爲 笠 싣 爲 楓 ㄴ 如 ·신 爲 屨 ·반

되 為 螢 ㅂ 如 섭 為 薪 급 為 蹄 口 如
위 형　여　위 신　위 제　여

되가 螢(개똥벌레 형)이 됨과 같으며, ㅂ는 섭이 薪(섶나무 신)이 되고, 급이 蹄(굽 제)가 됨과 같으며, ㅁ는

되 為 螢 ㅂ 如 섭 為 薪 급 為 蹄 口 如

범 為 虎 심 為 泉 ㅅ 如 잣 為 海 松 못
위 호　위 천　여　위 해 송

범이 虎(범 호)가 되고, 심이 泉(샘 천)이 됨과 같으며, ㅅ는 잣이 海松(바다 해/소나무 송)이 되고, 못이

범 為 虎 심 為 泉 ㅅ 如 잣 為 海 松 못

為 池 ㄹ 如 돌 為 月 별 為 星 之 類
위 지　여　위 월　위 성 지 류

池(못 지)가 됨과 같으며, ㄹ는 돌이 月(달 월)이 되고, 별은 星(별 성)이 되는 유와 같다.

為 池 ㄹ 如 돌 為 月 별 為 星 之 類

有 天 地 自 然 之 聲 則 必 有 天 地
유 천 지 자 연 지 성 즉 필 유 천 지

천지자연의 소리가 있으면 반드시 천지

有 天 地 自 然 之 聲 則 必 有 天 地

143

自然之文 所以古人 因聲制字
자 연 지 문 소 이 고 인 인 성 제 자

자연의 문자가 있다. 이런 까닭에 옛사람이 소리로 인하여 글자를 만들어서

| 自 | 然 | 之 | 文 | 所 | 以 | 古 | 人 | 因 | 聲 | 制 | 字 |
|---|---|---|---|---|---|---|---|---|---|---|---|
| | | | | | | | | | | | |

以通萬物之情 以載三才之道
이 통 만 물 지 정 이 재 삼 재 지 도

만물의 뜻을 통하게 하고, 삼재의 도를 실었으나

| 以 | 通 | 萬 | 物 | 之 | 情 | 以 | 載 | 三 | 才 | 之 | 道 |
|---|---|---|---|---|---|---|---|---|---|---|---|
| | | | | | | | | | | | |

而後世不能易也 然四方風土
이 후 세 불 능 역 야 연 사 방 풍 토

후세에서 능히 바꿀 수가 없었다. 그러나 사방의 풍토가

| 而 | 後 | 世 | 不 | 能 | 易 | 也 | 然 | 四 | 方 | 風 | 土 |
|---|---|---|---|---|---|---|---|---|---|---|---|
| | | | | | | | | | | | |

區別聲氣 亦隨而異焉 盖外國
구 별 성 기 역 수 이 이 언 개 외 국

구별되고 말소리의 기운 또한 다르게 되면서 다르게 되었다. 대개 외국의

| 區 | 別 | 聲 | 氣 | 亦 | 隨 | 而 | 異 | 焉 | 盖 | 外 | 國 |
|---|---|---|---|---|---|---|---|---|---|---|---|
| | | | | | | | | | | | |

之語有其聲而無其字假中國
지 어 유 기 성 이 무 기 자 가 중 국

말은 그 소리는 있어도 그 글자는 없으므로, 중국의

| 之 | 語 | 有 | 其 | 聲 | 而 | 無 | 其 | 字 | 假 | 中 | 國 |
|---|---|---|---|---|---|---|---|---|---|---|---|
|   |   |   |   |   |   |   |   |   |   |   |   |

之字以通其用是猶枘鑿之鉏
지 자 이 통 기 용 시 유 예 착 지 서

글자를 빌려서 그 일용에 통하게 하니, 이것이 둥근 장부가 네모진 구멍에 들어가

| 之 | 字 | 以 | 通 | 其 | 用 | 是 | 猶 | 枘 | 鑿 | 之 | 鉏 |
|---|---|---|---|---|---|---|---|---|---|---|---|
|   |   |   |   |   |   |   |   |   |   |   |   |

鉏也豈能達而無礙乎要皆各
어 야 기 능 달 이 무 애 호 요 개 각

서로 어긋남과 같은데, 어찌 능히 통하여 막힘이 없겠는가? 요점은 모두 각기

| 鉏 | 也 | 豈 | 能 | 達 | 而 | 無 | 礙 | 乎 | 要 | 皆 | 各 |
|---|---|---|---|---|---|---|---|---|---|---|---|
|   |   |   |   |   |   |   |   |   |   |   |   |

隨所處而安不可強之使同也
수 소 처 이 안 불 가 강 지 사 동 야

처지에 따라 편안하게 해야만 되고, 억지로 같게 할 수는 없는 것이다.

| 隨 | 所 | 處 | 而 | 安 | 不 | 可 | 強 | 之 | 使 | 同 | 也 |
|---|---|---|---|---|---|---|---|---|---|---|---|
|   |   |   |   |   |   |   |   |   |   |   |   |

吾東方禮樂文章侔擬華夏但
오 동 방 예 악 문 장 모 의 화 하 단

우리 동방의 예악과 문장이 중화와 견줄만 하다. 다만,

| 吾 | 東 | 方 | 禮 | 樂 | 文 | 章 | 侔 | 擬 | 華 | 夏 | 但 |
|---|---|---|---|---|---|---|---|---|---|---|---|
| | | | | | | | | | | | |

方言俚語不與之同學書者患
방 언 이 어 불 여 지 동 학 서 자 환

방언과 이어가 같지 않으므로, 글을 배우는 사람은

| 方 | 言 | 俚 | 語 | 不 | 與 | 之 | 同 | 學 | 書 | 者 | 患 |
|---|---|---|---|---|---|---|---|---|---|---|---|
| | | | | | | | | | | | |

其旨趣之難曉治獄者病其曲
기 지 취 지 난 효 치 옥 자 병 기 곡

그 뜻을 깨닫기가 어려움을 근심하고, 옥사를 다스리는 사람은 그 곡절을

| 其 | 旨 | 趣 | 之 | 難 | 曉 | 治 | 獄 | 者 | 病 | 其 | 曲 |
|---|---|---|---|---|---|---|---|---|---|---|---|
| | | | | | | | | | | | |

折之難通昔新羅薛聰始作吏
절 지 난 통 석 신 라 설 총 시 작 이

통하기 어려움을 근심했다. 옛날에 신라의 설총[39]이 처음으로 이두[40]를

| 折 | 之 | 難 | 通 | 昔 | 新 | 羅 | 薛 | 聰 | 始 | 作 | 吏 |
|---|---|---|---|---|---|---|---|---|---|---|---|
| | | | | | | | | | | | |

讀 官 府 民 間 至 今 行 之 然 皆 假
두 관 부 민 간 지 금 행 지 연 개 가

만들었는데, 관청과 민간에서는 지금까지도 그것을 쓰고 있다. 그러나 모두

讀 官 府 民 間 至 今 行 之 然 皆 假

字 而 用 或 澁 或 窒 非 但 鄙 陋 無
자 이 용 혹 삽 혹 질 비 단 비 루 무

한자를 빌려서 쓰는 것이므로, 혹은 어색하고 혹은 막혀서 답답하다. 다만, 비루[41]하고

字 而 用 或 澁 或 窒 非 但 鄙 陋 無

稽 而 已 至 於 言 語 之 間 則 不 能
계 이 이 지 어 언 어 지 간 즉 불 능

근거가 없을 뿐만 아니라, (우리) 말을 적는데 이르러서는

稽 而 已 至 於 言 語 之 間 則 不 能

達 其 萬 一 焉 癸 亥 冬 我
달 기 만 일 언 계 해 동 아

그 만분의 일도 도달하지 못한다. 계해년(1443) 겨울에 우리

達 其 萬 一 焉 癸 亥 冬 我

殿下創制正音二十八字略揭
전 하 창 제 정 음 이 십 팔 자 략 게

전하께서 정음 스물여덟 자를 창제하시고, 간략하게

| 殿 | 下 | 創 | 制 | 正 | 音 | 二 | 十 | 八 | 字 | 略 | 揭 |
|---|---|---|---|---|---|---|---|---|---|---|---|
|  |  |  |  |  |  |  |  |  |  |  |  |

例義以示之名曰訓民正音象
예 의 이 시 지 명 왈 훈 민 정 음 상

例(법식 예)와 義(옳을 의)를 들어 보여 주시며 이름을 훈민정음이라고 하셨다. (이 글자는) 모양을

| 例 | 義 | 以 | 示 | 之 | 名 | 曰 | 訓 | 民 | 正 | 音 | 象 |
|---|---|---|---|---|---|---|---|---|---|---|---|
|  |  |  |  |  |  |  |  |  |  |  |  |

形而字倣古篆因聲而音叶七
형 이 자 방 고 전 인 성 이 음 협 칠

본떠서 만들되 글자는 옛날 전서[42]를 본떴고, 소리에 따라 음률은 일곱 가락에 들어맞는다.

| 形 | 而 | 字 | 倣 | 古 | 篆 | 因 | 聲 | 而 | 音 | 叶 | 七 |
|---|---|---|---|---|---|---|---|---|---|---|---|
|  |  |  |  |  |  |  |  |  |  |  |  |

調三極之義二氣之妙莫不該
조 삼 극 지 의 이 기 지 묘 막 불 해

삼재의 뜻과 음양 이기의 오묘함을 두루 갖추지 않은 것이 없다.

| 調 | 三 | 極 | 之 | 義 | 二 | 氣 | 之 | 妙 | 莫 | 不 | 該 |
|---|---|---|---|---|---|---|---|---|---|---|---|
|  |  |  |  |  |  |  |  |  |  |  |  |

括以二十八字而轉換無窮簡
괄 이 이 십 팔 자 이 전 환 무 궁 간

이 스물여덟 자로써 전환이 무궁하여 간단하면서도,

括 以 二 十 八 字 而 轉 換 無 窮 簡

而要精而通故智者不終朝而
이 요 정 이 통 고 지 자 불 종 조 이

요점을 잘 드러내고 정밀하면서도 두루 통할 수 있다. 그러므로 슬기로운 사람은 하루아침을 마치기도 전에 깨우치고

而 要 精 而 通 故 智 者 不 終 朝 而

會愚者可浹旬而學以是觧書
회 우 자 가 협 순 이 학 이 시 해 서

어리석은 자라도 가히 두루 미쳐서 열흘이면 배울 수 있다. 이 글자로써 한문을 풀이하면

會 愚 者 可 浹 旬 而 學 以 是 解 書

可以知其義以是聽訟可以得
가 이 지 기 의 이 시 청 송 가 이 득

가히 그 뜻을 알 수 있고, 이 글자로써 송사를 심리하면 그 실정을 알 수 있다.

可 以 知 其 義 以 是 聽 訟 可 以 得

其情字韻則清濁之能辨樂歌
기 정 자 운 즉 청 탁 지 능 변 악 가

글자의 운으로는 맑고 흐린 소리를 능히 구별할 수 있고, 악가의

| 其 | 情 | 字 | 韻 | 則 | 清 | 濁 | 之 | 能 | 辨 | 樂 | 歌 |
|---|---|---|---|---|---|---|---|---|---|---|---|
|  |  |  |  |  |  |  |  |  |  |  |  |

則律呂之克諧無所用而不備
즉 율 려 지 극 해 무 소 용 이 불 비

율려[43]가 고르게 되며, 글을 쓰는데 갖추어지지 않은 바가 없고,

| 則 | 律 | 呂 | 之 | 克 | 諧 | 無 | 所 | 用 | 而 | 不 | 備 |
|---|---|---|---|---|---|---|---|---|---|---|---|
|  |  |  |  |  |  |  |  |  |  |  |  |

無所往而不達雖風聲鶴唳雞
무 소 왕 이 부 달 수 풍 성 학 려 계

이르러 통하지 못한 바가 없다. 비록 바람 소리, 학의 울음소리, 닭 우는 소리,

| 無 | 所 | 往 | 而 | 不 | 達 | 雖 | 風 | 聲 | 鶴 | 唳 | 雞 |
|---|---|---|---|---|---|---|---|---|---|---|---|
|  |  |  |  |  |  |  |  |  |  |  |  |

鳴狗吠皆可得而書矣遂
명 구 폐 개 가 득 이 서 의 수

개 짖는 소리 일지라도 모두 적을 수가 있다. 드디어

| 鳴 | 狗 | 吠 | 皆 | 可 | 得 | 而 | 書 | 矣 | 遂 |
|---|---|---|---|---|---|---|---|---|---|
|  |  |  |  |  |  |  |  |  |  |

| 命 | 詳 | 加 | 觧 | 釋 | 以 | 喻 | 諸 | 人 | 於 | 是 | 臣 |
|---|---|---|---|---|---|---|---|---|---|---|---|
| 명 | 상 | 가 | 해 | 석 | 이 | 유 | 제 | 인 | 어 | 시 | 신 |

자세한 해석을 더하여 모든 사람을 깨우치도록 명하셨다. 이에 신이

| 命 | 詳 | 加 | 解 | 釋 | 以 | 喻 | 諸 | 人 | 於 | 是 | 臣 |
|---|---|---|---|---|---|---|---|---|---|---|---|
|  |  |  |  |  |  |  |  |  |  |  |  |

| 與 | 集 | 賢 | 殿 | 應 | 敎 | 臣 | 崔 | 恒 | 副 | 校 | 理 |
|---|---|---|---|---|---|---|---|---|---|---|---|
| 여 | 집 | 현 | 전 | 응 | 교 | 신 | 최 | 항 | 부 | 교 | 리 |

집현전 응교 신 최 항과 부교리

| 與 | 集 | 賢 | 殿 | 應 | 敎 | 臣 | 崔 | 恒 | 副 | 校 | 理 |
|---|---|---|---|---|---|---|---|---|---|---|---|
|  |  |  |  |  |  |  |  |  |  |  |  |

| 臣 | 朴 | 彭 | 年 | 臣 | 申 | 叔 | 舟 | 侑 | 撰 | 臣 | 成 |
|---|---|---|---|---|---|---|---|---|---|---|---|
| 신 | 박 | 팽 | 년 | 신 | 신 | 숙 | 주 | 수 | 찬 | 신 | 성 |

신 박팽년과 신 신숙주와 수찬 신 성삼문과

| 臣 | 朴 | 彭 | 年 | 臣 | 申 | 叔 | 舟 | 修 | 撰 | 臣 | 成 |
|---|---|---|---|---|---|---|---|---|---|---|---|
|  |  |  |  |  |  |  |  |  |  |  |  |

| 三 | 問 | 敦 | 寧 | 府 | 注 | 簿 | 臣 | 姜 | 希 | 顔 | 行 |
|---|---|---|---|---|---|---|---|---|---|---|---|
| 삼 | 문 | 돈 | 녕 | 부 | 주 | 부 | 신 | 강 | 희 | 안 | 행 |

돈녕부 주부 신 강희안과 행

| 三 | 問 | 敦 | 寧 | 府 | 注 | 簿 | 臣 | 姜 | 希 | 顔 | 行 |
|---|---|---|---|---|---|---|---|---|---|---|---|
|  |  |  |  |  |  |  |  |  |  |  |  |

| 集 | 賢 | 殿 | 副 | 脩 | 撰 | 臣 | 李 | 塏 | 臣 | 李 | 善 |
|---|---|---|---|---|---|---|---|---|---|---|---|
| 집 | 현 | 전 | 부 | 수 | 찬 | 신 | 이 | 개 | 신 | 이 | 선 |

집현전 부수찬 신 이개와 신 이선로 등과

| 集 | 賢 | 殿 | 副 | 修 | 撰 | 臣 | 李 | 塏 | 臣 | 李 | 善 |
|---|---|---|---|---|---|---|---|---|---|---|---|
|  |  |  |  |  |  |  |  |  |  |  |  |

| 老 | 等 | 謹 | 作 | 諸 | 解 | 及 | 例 | 以 | 叙 | 其 | 梗 |
|---|---|---|---|---|---|---|---|---|---|---|---|
| 로 | 등 | 근 | 작 | 제 | 해 | 급 | 례 | 이 | 서 | 기 | 경 |

더불어 삼가 여러 가지 풀이[解]와 보기[例]를 지어서 그 요점만 간략하게 서술하여

| 老 | 等 | 謹 | 作 | 諸 | 解 | 及 | 例 | 以 | 叙 | 其 | 梗 |
|---|---|---|---|---|---|---|---|---|---|---|---|
|  |  |  |  |  |  |  |  |  |  |  |  |

| 槩 | 庶 | 使 | 觀 | 者 | 不 | 師 | 而 | 自 | 悟 | 若 | 其 |
|---|---|---|---|---|---|---|---|---|---|---|---|
| 개 | 서 | 사 | 관 | 자 | 불 | 사 | 이 | 자 | 오 | 약 | 기 |

여러 보는 사람으로 하여금 스승이 없어도 스스로 깨우치게 하였다. 그 깊은

| 槩 | 庶 | 使 | 觀 | 者 | 不 | 師 | 而 | 自 | 悟 | 若 | 其 |
|---|---|---|---|---|---|---|---|---|---|---|---|
|  |  |  |  |  |  |  |  |  |  |  |  |

| 淵 | 源 | 精 | 義 | 之 | 妙 | 則 | 非 | 臣 | 等 | 之 | 所 |
|---|---|---|---|---|---|---|---|---|---|---|---|
| 연 | 원 | 정 | 의 | 지 | 묘 | 즉 | 비 | 신 | 등 | 지 | 소 |

연원이나, 정밀한 뜻은 신묘하여 신들이

| 淵 | 源 | 精 | 義 | 之 | 妙 | 則 | 非 | 臣 | 等 | 之 | 所 |
|---|---|---|---|---|---|---|---|---|---|---|---|
|  |  |  |  |  |  |  |  |  |  |  |  |

能發揮也恭惟我
능 발 휘 야 공 유 아

능히 펴 나타낼 수 있는 바가 아니다. 공손히 생각하옵건데 우리

| 能 | 發 | 揮 | 也 | 恭 | 惟 | 我 | |
|---|---|---|---|---|---|---|---|
| | | | | | | | |

殿下天縱之聖制度施爲超越
전 하 천 종 지 성 제 도 시 위 초 월

전하께서 하늘이 내신 성인으로서 지으신 법도와 베푸신 업적이

| 殿 | 下 | 天 | 縱 | 之 | 聖 | 制 | 度 | 施 | 爲 | 超 | 越 |
|---|---|---|---|---|---|---|---|---|---|---|---|
| | | | | | | | | | | | |

百王正音之作無所祖述而成
백 왕 정 음 지 작 무 소 조 술 이 성

백왕을 뛰어넘으시어, 정음을 지으심도 앞선 사람이 지은 것에 의한 것이 아니고

| 百 | 王 | 正 | 音 | 之 | 作 | 無 | 所 | 祖 | 述 | 而 | 成 |
|---|---|---|---|---|---|---|---|---|---|---|---|
| | | | | | | | | | | | |

於自然豈以其至理之無所不
어 자 연 기 이 기 지 이 지 무 소 부

자연에서 이룩하신 것이다. 참으로 그 지극한 이치가 들어 있지 아니한 곳이 없으니,

| 於 | 自 | 然 | 豈 | 以 | 其 | 至 | 理 | 之 | 無 | 所 | 不 |
|---|---|---|---|---|---|---|---|---|---|---|---|
| | | | | | | | | | | | |

| 在 | 而 | 非 | 人 | 爲 | 之 | 私 | 也 | 夫 | 東 | 方 | 有 |
|---|---|---|---|---|---|---|---|---|---|---|---|
| 재 | 이 | 비 | 인 | 위 | 지 | 사 | 야 | 부 | 동 | 방 | 유 |

사람의 힘으로 사사로이 한 것이 아니다. 대저 동방에

| 在 | 而 | 非 | 人 | 爲 | 之 | 私 | 也 | 夫 | 東 | 方 | 有 |
|---|---|---|---|---|---|---|---|---|---|---|---|
|  |  |  |  |  |  |  |  |  |  |  |  |

| 國 | 不 | 爲 | 不 | 久 | 以 | 開 | 物 | 成 | 務 | 之 |
|---|---|---|---|---|---|---|---|---|---|---|
| 국 | 불 | 위 | 불 | 구 | 이 | 개 | 물 | 성 | 무 | 지 |

나라가 있은 지가 오래되지 않음이 아니지만, 만물의 뜻을 깨달아 모든 일을 온전하게 이루게 하는

| 國 | 不 | 爲 | 不 | 久 | 以 | 開 | 物 | 成 | 務 | 之 |
|---|---|---|---|---|---|---|---|---|---|---|
|  |  |  |  |  |  |  |  |  |  |  |

| 大 | 智 | 盖 | 有 | 待 | 於 | 今 | 日 | 也 | 歟 | 正 | 統 |
|---|---|---|---|---|---|---|---|---|---|---|---|
| 대 | 지 | 개 | 유 | 대 | 어 | 금 | 일 | 야 | 여 | 정 | 통 |

큰 지혜는 오늘을 기다리고 있었던 것이다. 정통[44]

| 大 | 智 | 盖 | 有 | 待 | 於 | 今 | 日 | 也 | 歟 | 正 | 統 |
|---|---|---|---|---|---|---|---|---|---|---|---|
|  |  |  |  |  |  |  |  |  |  |  |  |

| 十 | 一 | 年 | 九 | 月 | 上 | 澣 | 資 | 憲 | 大 | 夫 | 禮 |
|---|---|---|---|---|---|---|---|---|---|---|---|
| 십 | 일 | 년 | 구 | 월 | 상 | 한 | 자 | 헌 | 대 | 부 | 예 |

11년 9월 상한[45], 자헌대부

| 十 | 一 | 年 | 九 | 月 | 上 | 澣 | 資 | 憲 | 大 | 夫 | 禮 |
|---|---|---|---|---|---|---|---|---|---|---|---|
|  |  |  |  |  |  |  |  |  |  |  |  |

| 曺 | 判 | 書 | 集 | 賢 | 殿 | 大 | 提 | 學 | 知 | 春 | 秋 |
|---|---|---|---|---|---|---|---|---|---|---|---|
| 조 | 판 | 서 | 집 | 현 | 전 | 대 | 제 | 학 | 지 | 춘 | 추 |

예조판서 집현전 대제학 지춘추

| 曺 | 判 | 書 | 集 | 賢 | 殿 | 大 | 提 | 學 | 知 | 春 | 秋 |
|---|---|---|---|---|---|---|---|---|---|---|---|
|   |   |   |   |   |   |   |   |   |   |   |   |

| 館 | 事 | | 世 | 子 | 右 | 賓 | 客 | 臣 | 鄭 | 麟 | 趾 |
|---|---|---|---|---|---|---|---|---|---|---|---|
| 관 | 사 | | 세 | 자 | 우 | 빈 | 객 | 신 | 정 | 인 | 지 |

관사 세자우빈객, 신 정인지는

| 館 | 事 | | 世 | 子 | 右 | 賓 | 客 | 臣 | 鄭 | 麟 | 趾 |
|---|---|---|---|---|---|---|---|---|---|---|---|
|   |   | |   |   |   |   |   |   |   |   |   |

| 拜 | 手 | 稽 | 首 | 謹 | 書 |
|---|---|---|---|---|---|
| 배 | 수 | 계 | 수 | 근 | 서 |

두 손 모아 절하고 머리 조아려 삼가 쓴다.

| 拜 | 手 | 稽 | 首 | 謹 | 書 |
|---|---|---|---|---|---|
|   |   |   |   |   |   |

| 訓 | 民 | 正 | 音 |
|---|---|---|---|
| 훈 | 민 | 정 | 음 |

훈민정음

| 訓 | 民 | 正 | 音 |
|---|---|---|---|
|   |   |   |   |

훈민정음 해례본

# 부록

# 1. 훈민정음 해례본에 사용된 한자 및 한자어 분석

## 1) 훈민정음 해례본에 쓰인 한자의 사용 빈도에 대한 분석 의의

해례본에 사용된 한자의 사용 빈도를 계량적으로 분석하는 작업은 5해1례 2서문으로 구성된 훈민정음 해례본이 음성학을 포함한 성운학적 내용 및 음양오행과 삼재론을 중심으로 한 성리학적 내용으로 구성되어 있음을 확인하기 위한 방법으로 채택하였다.

## 2) 훈민정음 해례본에 쓰인 한자의 빈도수 조사 방법

(1) 훈민정음 해례본에 쓰인 전체 한자에 대해 전수 조사하였다.
(2) 5해1례 2서문으로 구성된 훈민정음 해례본의 부분별 한자 수를 분석하였다.
(3) 사용된 한자의 빈도를 제자원리 분야, 음성 분석 분야, 성운학 분야, 음악 관련 분야, 언어와 문자 분야, 성리학 분야 등으로 나누어 정밀 분석하였다.

## 3) 훈민정음 해례본에 쓰인 한자의 빈도수로 추론되는 특성

(1) 훈민정음 해례본에서 고빈도로 나타난 한자의 특징은 조사관련 한자로 '爲'(232회), '之'(221회), '而'(160회), '如'(102회), '也'(97회) 등이다.
(2) 훈민정음 해례본의 특성인 제자 원리와 밀접한 관련이 있는 고빈도 한자는 '聲'(210회), '字'(107회), '音'(80회), '初'(79회), '中'(55회), '終'(45회), '天'(44회), '地'(40회), '人'(30회) 등이다.
(3) 제자 원리를 의미하는 핵심 한자인 '合'(35회), '象'(24회), '加'(10회)의 빈도는 훈민정음 창제의 중요성을 강조했다고 추론할 수 있다.
(4) 낮은 빈도를 보인 '縮'(3회)과 '張'(2회)의 예를 들어 빈도를 기준으로 그 중요성을 판단할 수 없음을 지적했다.
(5) 훈민정음 해례본에서 사용된 전체 4,788자의 한자 중에 표본 한자는 725자로 조사되었다.

## 4) 현대의 자전에서 쉽게 찾아보기 어려운 훈민정음 해례본에 쓰인 한자

훈민정음 해례본에 쓰인 한자 중에는 현대의 자전에서 쉽게 찾아보기 어려운 특이한 한자가 사용된 특징이 있다. 예) 發, 腭, 冄, 坎, 戉, 虗, 棄, 顧, 匜, 遜, 牖, 瑣

### 5) 훈민정음 해례본에 쓰인 한자어의 빈도수와 특징

(1) 훈민정음 해례본에 쓰인 한자어 가운데 가장 높은 빈도수의 한자어는 39회 사용된 '中聲(중성)'이 며, 그다음으로 29회의 '初聲(초성)', 18회의 '終聲(종성)', 16회의 '天地(천지)' 순으로 조사되었다.

(2) 그 외에 '陰陽'(15회), '竝書'(13회), '五行'(10회) 등의 한자어가 고빈도로 나타났으며, 음성 분석 관련 한자어와 성운학·성리학 관련 한자어가 대부분 5해1례에 집중되어 있음을 밝혔다.

# 2. 훈민정음 해례본에 쓰인 속자 및 약자 그리고 동자 정리

## 1) 정자보다는 속자나 약자 등이 사용된 이유

훈민정음 해례본에 쓰인 한자 중에는 의외로 정자 보다는 속자 및 약자 그리고 동자로 표기된 한자가 많이 쓰였다. 이것은 훈민정음을 창제하신 세종대왕께서 지식층이 쓰는 정자체보다는 백성들에게 널리 쓰이는 일반화된 한자, 즉 속자를 사용함으로써 훈민정음의 창제 취지에 부합하려는 것으로 한자체까지 세심한 배려를 하였음을 짐작할 수 있다.

## 2) 용어 정리

(1) 정자(正字) : 한자의 약자나 속자, 와자가 아닌 본디의 글자.

(2) 속자(俗字) : 한자에서, 원래 글자보다 획을 간단하게 하거나 아주 새로 만 들어 세간에서 널리 쓰는 글자.

(3) 약자(略字) : 복잡한 글자의 점이나 획의 일부를 생략하여 간략하게 한 글자.

(4) 동자(同字) : 같은 글자.

(5) 이체자(異體字) : 음과 뜻은 같으나 모양이 다른 한자. 흔히 정자에 상대되는 개념으로 사용되며, 정자의 획수를 줄여 간략하게 된 것이 많다.

(6) 고자(古字) : 고대에 쓰이던 글자이지만 현대에는 거의 사용하지 않는 글자.

(7) 와자(譌字) : 잘못 쓰인 글자인 줄 알면서도 민간에서 널리 사용되는 한자.

### 3) 훈민정음 해례본에 쓰인 속자, 약자, 동자 정리

- 盖 – 蓋(덮을 개)의 속자
- 軽 – 輕(가벼울 경)의 속자
- 顾 – 顧(돌아볼 고)의 속자
- 頼 – 賴(힘입을 뢰)의 속자
- 邉 – 邊(가 변)의 동자
- 簏 – 篩(체 사)와 동자
- 随 – 隨(따를 수)의 속자
- 㪐 – 歟(어조사 여)의 약자
- 为 – 爲(할 위)의 약자
- 蔵 – 藏(감출 장)의 약자
- 烖 – 哉(어조사 재)의 속자
- 定 - 定(정할 정)의 속자
- 曽 – 曾(일찍 증)의 약자
- 處 – 處(살 처)의 속자
- 聡 – 聰(귀 밝을 총)의 동자
- 圡 – 土(흙 토)의 속자
- 㑹 – 會(모일 회)의 약자
- 橫 – 橫(가로 횡)의 속자

- 槩 – 槪(평미레 개)와 동자
- 雞 – 鷄(닭 계)의 동자
- 迺 – 乃(이에 내)와 동자
- 溌 – 發(필 발)의 약자
- 並 – 竝(아우를 병)과 동자
- 属 – 屬(이을 속)의 속자
- 児 – 兒(아이 아)의 속자
- 牖 – 墉(용) 동자. 牖(유)의 속자.
- 隂 – 陰(응달 음)의 동자
- 𠕂 – 再(두 재)의 속자
- 㸃 – 點(점 점)과 동자
- 静 – 靜(고요할 정)의 약자
- 真 – 眞(참 진)의 속자
- 清 – 淸(맑을 청)의 동자
- 冣 – 最(가장 최)의 속자
- 虗 – 虛(빌 허)의 동자
- 畫 – 畵(그을 획)의 속자
- 匜 – 匜(주전자 이)의 이체자

# 3. 훈민정음 해례본 전체 한자(725자) 훈음

**ㄱ**

- 可(옳을 가)
- 歌(노래 가)
- 加(더할 가)
- 假(거짓 가)
- 各(각각 각)

- 角(뿔 각)
- 肝(간 간)
- 間(사이 간)
- 簡(대쪽 간)
- 剛(굳셀 강)
- 强(강할 강)

- 姜(성 강)
- 開(열 개)
- 盖(덮을 개)
- 皆(다 개)
- 塏(높고 건조할 개)
- 槩(평미레 개)

- 客(손 객)
- 去(갈 거)
- 居(살 거)
- 炬(횃불 거)
- 鉅(클 거)
- 擧(들 거)
- 據(의거할 거)
- 揭(들 게)
- 乾(하늘 건)
- 見(볼 견)
- 繭(고치 견)
- 訣(이별할 결)
- 兼(겸할 겸)
- 鎌(낫 겸)
- 輕(가벼울 경)
- 梗(대개 경)
- 癸(열째 천간 계)
- 雞(닭 계)
- 鷄(닭 계)
- 稽(상고할 계)
- 季(끝 계)
- 啓(열 계)
- 古(옛 고)
- 固(굳을 고)
- 故(옛 고)
- 顧(돌아볼 고)
- 曲(굽을 곡)
- 穀(곡식 곡)
- 坤(땅 곤)
- 工(장인 공)
- 功(공 공)
- 孔(구멍 공)

- 恭(공손할 공)
- 蝌(올챙이 과)
- 官(벼슬 관)
- 管(피리 관)
- 館(객사 관)
- 冠(갓 관)
- 貫(꿸 관)
- 觀(볼 관)
- 括(묶을 괄)
- 廣(넓을 광)
- 巧(공교할 교)
- 交(사귈 교)
- 校(학교 교)
- 教(가르칠 교)
- 蕎(메밀 교)
- 橋(다리 교)
- 九(아홉 구)
- 口(입 구)
- 久(오랠 구)
- 狗(개 구)
- 區(구분할 구)
- 具(갖출 구)
- 究(궁구할 구)
- 屨(신 구)
- 䰷(두 뿔 달린 개구리 구)
- 國(나라 국)
- 君(임금 군)
- 弓(활 궁)
- 宮(집 궁)
- 窮(다할 궁)
- 厥(그 궐)
- 鬼(귀신 귀)

- 歸(돌아갈 귀)
- 龜(거북 귀)
- 虯(규룡 규)
- 克(이길 극)
- 極(다할 극)
- 隙(틈 극)
- 根(뿌리 근)
- 近(가까울 근)
- 跟(발꿈치 근)
- 筋(힘줄 근)
- 謹(삼갈 근)
- 今(이제 금)
- 金(성 김, 쇠 금)
- 琴(거문고 금)
- 及(미칠 급)
- 汲(길을 급)
- 急(급할 급)
- 其(그 기)
- 起(일어날 기)
- 氣(기운 기)
- 寄(부칠 기)
- 旣(이미 기)
- 幾(기미 기)
- 器(그릇 기)
- 豈(어찌 기)
- 箕(키 기)

**ㄴ**

- 那(어찌 나)
- 難(어려울 난)
- 南(남녘 남)
- 乃(이에 내)

■ 內(안 내)

■ 迺(이에 내)

■ 年(해 년)

■ 寧(편안할 녕)

■ 奴(종 노)

■ 能(능할 능)

**ㄷ**

■ 多(많을 다)

■ 但(다만 단)

■ 端(바를 단)

■ 斷(끊을 단)

■ 鍛(쇠 불릴 단)

■ 達(통달할 달)

■ 獺(수달 달)

■ 淡(맑을 담)

■ 覃(미칠 담)

■ 當(당할 당)

■ 餹(엿 당)

■ 大(큰 대)

■ 待(기다릴 대)

■ 對(대답할 대)

■ 刀(칼 도)

■ 度(법도 도)

■ 道(길 도)

■ 稻(벼 도)

■ 島(섬 도)

■ 獨(홀로 독)

■ 讀(읽을 독 / 구절 두)

■ 敦(도타울 돈)

■ 冬(겨울 동)

■ 東(동녘 동)

■ 同(한가지 동)

■ 銅(구리 동)

■ 童(아이 동)

■ 動(움직일 동)

■ 斗(말 두)

■ 豆(콩 두)

■ 蚪(올챙이 두)

■ 得(얻을 득)

■ 等(가지런할 등)

**ㄹ**

■ 羅(벌일 라)

■ 蠟(밀 랍)

■ 略(간략할 략)

■ 兩(두 량)

■ 呂(음률 려)

■ 戾(어그러질 려)

■ 唳(울 려)

■ 閭(이문 려)

■ 厲(갈 려)

■ 力(힘 력)

■ 連(잇닿을 련)

■ 靈(신령 령)

■ 例(법식 례)

■ 禮(예도 례)

■ 老(늙은이 로)

■ 魯(노둔할 로)

■ 蘆(갈대 로)

■ 鹿(사슴 록)

■ 論(말할 론)

■ 賴(의뢰할 뢰)

■ 矓(흐릴 롱)

■ 陋(좁을 루)

■ 類(무리 류)

■ 流(흐를 류)

■ 柳(버들 류)

■ 鶹(올빼미 류)

■ 六(여섯 륙)

■ 律(법 률)

■ 吏(벼슬아치 리)

■ 李(오얏 리)

■ 梨(배나무 리)

■ 理(다스릴 리)

■ 俚(속될 리)

■ 離(떼놓을 리)

■ 麟(기린 린)

■ 立(설 립)

■ 笠(삿갓 립)

**ㅁ**

■ 莫(없을 막)

■ 萬(일만 만)

■ 末(끝 말)

■ 每(매양 매)

■ 麥(보리 맥)

■ 萌(싹 맹)

■ 名(이름 명)

■ 命(목숨 명)

■ 鳴(울 명)

■ 明(밝을 명)

■ 母(어미 모)

■ 侔(가지런할 모)

■ 茅(띠 모)

■ 木(나무 목)

■ 矇(청맹과니 몽)

■ 妙(묘할 묘)

■ 無(없을 무)

■ 務(힘쓸 무)

■ 文(글월 문)

■ 門(문 문)

■ 問(물을 문)

■ 物(만물 물)

■ 未(아닐 미)

■ 彌(두루 미)

■ 民(백성 민)

■ 憫(근심할 민)


### ㅂ

■ 朴(성씨 박)

■ 雹(누리 박)

■ 反(되돌릴 반)

■ 飯(밥 반)

■ 半(반 반)

■ 發(필 발)

■ 方(모 방)

■ 倣(본뜰 방)

■ 拜(절 배)

■ 配(짝 배)

■ 百(일백 백)

■ 凡(무릇 범)

■ 闢(열 벽)

■ 鼊(거북 벽)

■ 辨(분별할 변)

■ 變(변할 변)

■ 邊(가 변)

■ 別(나눌 별)

■ 彆(활 뒤틀릴 별)

■ 竝(아우를 병)

■ 病(병 병)

■ 步(걸음 보)

■ 補(기울 보)

■ 輔(덧방나무 보)

■ 鴇(능에 보)

■ 復(돌아올 복, 다시 부)

■ 覆(뒤집힐 복)

■ 本(밑 본)

■ 蜂(벌 봉)

■ 夫(지아비 부)

■ 附(붙을 부)

■ 府(곳집 부)

■ 副(버금 부)

■ 簿(장부 부)

■ 北(북녘 북)

■ 分(나눌 분)

■ 不(아닌가 부, 아닐 불)

■ 佛(부처 불)

■ 比(견줄 비)

■ 非(아닐 비)

■ 備(갖출 비)

■ 鼻(코 비)

■ 脾(지라 비)

■ 臂(팔 비)

■ 鄙(더러울 비)

■ 賓(손 빈)

■ 氷(얼음 빙)


### ㅅ

■ 四(넉 사)

■ 乍(잠깐 사)

■ 私(사사 사)

■ 似(같을 사)

■ 使(하여금 사)

■ 邪(간사할 사)

■ 事(일 사)

■ 捨(버릴 사)

■ 師(스승 사)

■ 斯(이 사)

■ 絲(실 사)

■ 射(쏠 사)

■ 寫(베낄 사)

■ 寺(절 사)

■ 蛇(뱀 사)

■ 麗(체 사)

■ 山(뫼 산)

■ 繖(일산 산)

■ 三(석 삼)

■ 澁(떫을 삽)

■ 上(위 상)

■ 詳(자세할 상)

■ 相(서로 상)

■ 尙(오히려 상)

■ 商(헤아릴 상)

■ 象(코끼리 상)

■ 霜(서리 상)

■ 塞(변방 새)

■ 索(찾을 색)

■ 賾(깊숙할 색)

■ 生(날 생)

■ 西(서녘 서)

■ 序(차례 서)

- 書(글 서)
- 舒(펼 서)
- 庶(여러 서)
- 蜍(두꺼비 서)
- 薯(참마 서)
- 鉏(호미 서)
- 石(돌 석)
- 昔(예 석)
- 釋(풀 석)
- 善(착할 선)
- 先(먼저 선)
- 舌(혀 설)
- 屑(가루 설)
- 薛(맑은대쑥 설)
- 蟾(두꺼비 섬)
- 成(이룰 성)
- 盛(담을 성)
- 聖(성스러울 성)
- 星(별 성)
- 聲(소리 성)
- 世(대 세)
- 細(가늘 세)
- 帨(수건 세)
- 小(작을 소)
- 所(바 소)
- 巢(새집 소)
- 俗(풍속 속)
- 属(이을 속)
- 松(소나무 송)
- 訟(송사할 송)
- 瑣(옥소리 쇄)
- 水(물 수)

- 手(손 수)
- 殊(죽일 수)
- 首(머리 수)
- 修(닦을 수)
- 隨(따를 수)
- 須(모름지기 수)
- 授(줄 수)
- 數(셀 수)
- 雖(비록 수)
- 遂(드디어 수)
- 邃(깊을 수)
- 叔(아재비 숙)
- 熟(익을 숙)
- 旬(열흘 순)
- 脣(입술 순)
- 循(돌 순)
- 戌(개 술)
- 述(지을 술)
- 習(익힐 습)
- 承(이을 승)
- 蠅(파리 승)
- 始(처음 시)
- 時(때 시)
- 示(보일 시)
- 是(이 시)
- 施(베풀 시)
- 柿(감나무 시)
- 澌(성엣장 시)
- 識(알 식)
- 信(믿을 신)
- 申(아홉째 지지 신)
- 伸(펼 신)

- 神(신 신)
- 臣(신하 신)
- 新(새 신)
- 薪(섶나무 신)
- 腎(콩팥 신)
- 悉(다 실)
- 實(열매 실)
- 心(마음 심)
- 深(깊을 심)
- 尋(찾을 심)
- 十(열 십)

| | ㅇ | |
|---|---|---|

- 児(아이 아)
- 牙(어금니 아)
- 芽(싹 아)
- 我(나 아)
- 樂(풍류 악)
- 安(편안할 안)
- 顔(얼굴 안)
- 腭(잇몸 악)
- 雁(기러기 안)
- 愛(사랑 애)
- 礙(거리낄 애)
- 也(어조사 야)
- 野(들 야)
- 若(같을 약)
- 揚(오를 양)
- 陽(볕 양)
- 穰(볏짚 양)
- 颺(날릴 양)
- 於(어조사 어)

■ 語(말씀 어)

■ 鋙(어긋날 어)

■ 薏(율무 억)

■ 言(말씀 언)

■ 諺(상말 언)

■ 焉(어찌 언)

■ 業(업 업)

■ 予(나 여)

■ 如(같을 여)

■ 餘(남을 여)

■ 歟(어조사 여)

■ 與(줄 여)

■ 䢕(마 여)

■ 亦(또 역)

■ 易(바꿀 역, 쉬울 이)

■ 淵(못 연)

■ 軟(연할 연)

■ 然(그러할 연)

■ 硯(벼루 연)

■ 燕(제비 연)

■ 營(경영할 영)

■ 楧(고욤나무 영)

■ 枘(장부 예)

■ 銳(날카로울 예)

■ 五(다섯 오)

■ 悟(깨달을 오)

■ 獄(옥 옥)

■ 甕(독 옹)

■ 緩(느릴 완)

■ 曰(가로 왈)

■ 王(임금 왕)

■ 旺(성할 왕)

■ 往(갈 왕)

■ 外(밖 외)

■ 要(구할 요)

■ 欲(하고자 할 욕)

■ 用(쓸 용)

■ 舂(찧을 용)

■ 容(얼굴 용)

■ 牖(담 용, 들창 유)

■ 右(오른쪽 우)

■ 牛(소 우)

■ 雨(비 우)

■ 又(또 우)

■ 羽(깃 우)

■ 吁(탄식할 우)

■ 愚(어리석을 우)

■ 云(이를 운)

■ 運(돌 운)

■ 韻(운 운)

■ 元(으뜸 원)

■ 源(근원 원)

■ 遠(멀 원)

■ 猿(원숭이 원)

■ 圓(둥글 원)

■ 月(달 월)

■ 越(넘을 월)

■ 位(자리 위)

■ 爲(할 위)

■ 由(말미암을 유)

■ 有(있을 유)

■ 惟(생각할 유)

■ 唯(오직 유)

■ 維(바 유)

■ 柔(부드러울 유)

■ 喩(깨우칠 유)

■ 酉(닭 유)

■ 猶(오히려 유)

■ 潤(젖을 윤)

■ 音(소리 음)

■ 陰(그늘 음)

■ 挹(뜰 읍)

■ 凝(엉길 응)

■ 應(응할 응)

■ 矣(어조사 의)

■ 衣(옷 의)

■ 依(의지할 의)

■ 疑(의심할 의)

■ 宜(마땅할 의)

■ 義(옳을 의)

■ 儀(거동 의)

■ 擬(헤아릴 의)

■ 二(두 이)

■ 已(이미 이)

■ 而(말 이을 이)

■ 以(써 이)

■ 苡(질경이 이)

■ 耳(귀 이)

■ 異(다를 이)

■ 飴(엿 이)

■ 頤(턱 이)

■ 匜(주전자 이)

■ 人(사람 인)

■ 仁(어질 인)

■ 引(끌 인)

■ 因(인할 인)

- 寅(셋째 지지 인)
- 一(한 일)
- 日(해 일)
- 入(들 입)
- 廿(스물 입)

## ㅈ

- 子(아들 자)
- 字(글자 자)
- 自(스스로 자)
- 者(놈 자)
- 慈(사랑할 자)
- 資(재물 자)
- 作(지을 작)
- 蠶(누에 잠)
- 雜(섞일 잡)
- 橆(수풀 나무 모양 잡)
- 長(길 장)
- 張(베풀 장)
- 壯(씩씩할 장)
- 將(장차 장)
- 章(글 장)
- 獐(노루 장)
- 藏(감출 장)
- 墻(담 장)
- 才(재주 재)
- 在(있을 재)
- 再(두 재)
- 財(재물 재)
- 哉(어조사 재)
- 載(실을 재)
- 宰(재상 재)

- 著(나타날 저)
- 楮(닥나무 저)
- 田(밭 전)
- 全(온전할 전)
- 前(앞 전)
- 展(펼 전)
- 轉(구를 전)
- 篆(전자 전)
- 殿(전각 전)
- 折(꺾을 절)
- 點(점 점)
- 漸(점점 점)
- 接(사귈 접)
- 正(바를 정)
- 定(정할 정)
- 釘(못 정)
- 貞(곧을 정)
- 情(뜻 정)
- 精(정할 정)
- 鄭(정나라 정)
- 靜(고요할 정)
- 制(마를 제)
- 提(끌 제)
- 諸(모두 제)
- 弟(아우 제)
- 第(차례 제)
- 蹄(굽 제)
- 蠐(굼벵이 제)
- 朝(아침 조)
- 調(고를 조)
- 曹(성 조)
- 釣(낚시 조)

- 祖(조상 조)
- 蠀(굼벵이 조)
- 竈(부엌 조)
- 足(발 족)
- 從(좇을 종)
- 終(끝날 종)
- 綜(모을 종)
- 縱(세로 종)
- 左(왼 좌)
- 主(주인 주)
- 注(물 댈 주)
- 柱(기둥 주)
- 舟(배 주)
- 周(두루 주)
- 中(가운데 중)
- 重(무거울 중)
- 則(곧 즉)
- 卽(곧 즉)
- 曾(일찍 증)
- 繒(비단 증)
- 之(갈 지)
- 池(못 지)
- 紙(종이 지)
- 只(다만 지)
- 止(그칠 지)
- 知(알 지)
- 地(땅 지)
- 旨(뜻 지)
- 指(손가락 지)
- 至(이를 지)
- 智(슬기 지)
- 趾(발 지)

- 直(곧을 직)
- 稷(기장 직)
- 眞(참 진)
- 質(바탕 질)
- 窒(막을 질)
- 集(모일 집)

ㅊ

- 次(버금 차)
- 且(또 차)
- 此(이 차)
- 着(붙을 착)
- 錯(섞일 착)
- 鑿(뚫을 착)
- 撰(지을 찬)
- 贊(도울 찬)
- 察(살필 찰)
- 參(참여할 참)
- 彰(밝을 창)
- 唱(부를 창)
- 創(비롯할 창)
- 蒼(푸를 창)
- 菜(나물 채)
- 處(살 처)
- 尺(자 척)
- 隻(외짝 척)
- 千(일천 천)
- 天(하늘 천)
- 淺(얕을 천)
- 泉(샘 천)
- 淸(맑을 청)
- 聽(들을 청)

- 體(몸 체)
- 滯(막힐 체)
- 初(처음 초)
- 超(넘을 초)
- 稍(점점 초)
- 促(재촉할 촉)
- 蔥(파 총)
- 聰(귀밝을 총)
- 崔(높을 최)
- 最(가장 최)
- 寂(가장 최)
- 秋(가을 추)
- 楸(개오동나무 추)
- 推(밀 추, 밀 퇴)
- 雛(병아리 추)
- 丑(소 축)
- 縮(줄일 축)
- 蹙(닥칠 축)
- 蓄(쌓을 축)
- 春(봄 춘)
- 出(날 출)
- 朮(차조 출)
- 冲(화할 충)
- 取(취할 취)
- 趣(달릴 취)
- 就(이룰 취)
- 治(다스릴 치)
- 徵(음률이름 치)
- 齒(이 치)
- 七(일곱 칠)
- 侵(침노할 침)
- 棊(수풀 모양 칩)

ㅋ

- 快(쾌할 쾌)

ㅌ

- 他(다를 타)
- 濁(흐릴 탁)
- 呑(삼킬 탄)
- 炭(숯 탄)
- 彈(탄알 탄)
- 探(찾을 탐)
- 太(클 태)
- 殆(위태할 태)
- 泰(클 태)
- 土(흙 토)
- 通(통할 통)
- 統(거느릴 통)

ㅍ

- 板(널빤지 판)
- 判(판가름할 판)
- 八(여덟 팔)
- 悖(어그러질 패)
- 彭(성 팽)
- 便(편할 편)
- 徧(두루 편)
- 鞭(채찍 편)
- 平(평평할 평)
- 評(평할 평)
- 閉(닫을 폐)
- 肺(허파 폐)
- 吠(짖을 폐)
- 漂(떠돌 표)

- 風(바람 풍)
- 楓(단풍나무 풍)
- 皮(가죽 피)
- 必(반드시 필)
- 筆(붓 필)

### ㅎ

- 下(아래 하)
- 何(어찌 하)
- 夏(여름 하)
- 蝦(새우 하)
- 學(배울 학)
- 鶴(학 학)
- 澣(빨 한)
- 咸(다 함)
- 含(머금을 함)
- 合(합할 합)
- 閤(문짝 합)
- 恒(항상 항)
- 亥(돼지 해)
- 該(그 해)

- 海(바다 해)
- 解(풀 해)
- 諧(화할 해)
- 行(다닐 행)
- 虛(빌 허)
- 憲(법 헌)
- 賢(어질 현)
- 浹(두루 미칠 협)
- 叶(화합할 협)
- 協(맞을 협)
- 脅(옆구리 협)
- 形(모양 형)
- 螢(개똥벌레 형)
- 互(서로 호)
- 乎(어조사 호)
- 呼(부를 호)
- 虎(범 호)
- 狐(여우 호)
- 瓠(표주박 호)
- 或(혹 혹)
- 混(섞을 혼)

- 洪(큰물 홍)
- 火(불 화)
- 化(될 화)
- 花(꽃 화)
- 和(화할 화)
- 華(빛날 화)
- 患(근심 환)
- 換(바꿀 환)
- 丸(알 환)
- 環(고리 환)
- 湏(흐물흐물할 회)
- 會(모을 회)
- 畫(그을 획)
- 橫(가로 횡)
- 曉(새벽 효)
- 喉(목구멍 후)
- 後(뒤 후)
- 訓(가르칠 훈)
- 揮(휘두를 휘)
- 鵂(수리부엉이 휴)
- 希(바랄 희)

# 용어풀이(미주)

1) 坤卦(땅 곤/괘 괘) : 팔괘의 하나. 유순하고 사물을 성장시키는 덕을 나타내어 땅을 상징함.

2) 復卦(돌아올 복/괘 괘) : 육십사괘의 하나. 곤괘와 진괘가 거듭한 것으로 우레가 땅 속에서 움직이기 시작함을 상징함.

3) 五行(다섯 오/행할 행) : 우주 간에 쉬지 않고 운행하는 다섯가지 원소. 金·木·水·火·土

4) 五音(다섯 오/소리 음) : 음률의 다섯 가지 음. 궁(宮), 상(商), 각(角), 치(徵), 우(羽)

5) 羽(깃 우) : 동양 음악의 오음 음계 중의 다섯째 음, 서양 음악의 음계 라(La)에 비할 수 있음.

6) 角(뿔 각) : 동양 음악의 오음 음계 중의 셋째 음. 장조의 '미'에 해당함.

7) 徵(음률 이름 치) : 동양 음악에서, 오음계 가운데 궁에서 넷째 음.

8) 商(헤아릴 상) : 동양 음악에서, 오음이나 칠음 음계의 제2음.

9) 宮(집 궁) : 동양 음악의 오음이나 칠음계의 하나. 궁조의 으뜸음. 장음계의 '도'에 해당.

10) 全淸(온전할 전/맑을 청) : 훈민정음의 초성 체계 가운데 'ㄱ', 'ㄷ', 'ㅂ', 'ㅅ', 'ㅈ', 'ㆆ' 따위에 공통되는 음성적 특질을 이르는 말. 현대 음성학의 무성 자음에 해당한다.

11) 次淸(버금 차/맑을 청) : 훈민정음의 초성 체계 가운데 'ㅋ', 'ㅌ', 'ㅍ', 'ㅊ', 'ㅎ' 따위에 공통되는 음성적 특질을 이르는 말.

12) 全濁(온전할 전/흐릴 탁) : 훈민정음의 초성 체계 가운데 'ㄲ', 'ㄸ', 'ㅃ', 'ㅆ', 'ㅉ', 'ㆅ' 따위에 공통되는 음성적 특질을 이르는 말. 훈민정음의 17초성에는 포함되지 않으나, 동국정운의 23자모에는 포함된다.

13) 不淸不濁(아니 불/맑을 청/아니 불/흐릴 탁) : 훈민정음의 초성 체계 가운데 'ㆁ', 'ㄴ', 'ㅁ', 'ㅇ', 'ㄹ', 'ㅿ' 따위에 공통되는 음성적 특질을 이르는 말. 현대 음성학의 유성 자음에 해당함.

14) 韻書(운 운/글 서) : 한자의 韻을 분류하여 일정한 순서로 배열한 서적을 통틀어 이르는 말.

15) 子時(아들 자/때 시) : 십이시의 첫째 시. 밤 열한 시부터 오전 한 시까지이다.

16) 丑時(소 축/때 시) : 십이시의 둘째 시. 오전 한 시부터 세 시까지이다.

17) 寅時(셋째지지 인/때 시) : 십이시의 셋째 시. 오전 세 시에서 다섯 시까지.

18) 靈長(신령 령/긴 장) : 묘한 힘을 가진 우두머리라는 뜻으로, '사람'을 이르는 말.

19) 三才(석 삼/재주 재) : 음양설에서 만물을 제재한다는 뜻으로, 하늘[天]과 땅[地]과 사람[人]을 뜻함.

20) 無極(없을 무/다할 극) : 우주의 본체인 태극의 맨 처음 상태를 이르는 말.

21) 精髓(쌀쓿을 정/골수 수) : 뼈속에 있는 골수. 사물의 중심이 되는 골자 또는 요점이라는 의미로 쓰임.

22) 財成輔相(재물 재/이룰 성/덧방나무 보/서로 상) : 좋은 상태가 되도록 돕는 것. 〈주역〉에 財成은 천지의 道이고, 輔相은 천지의 의(宜)가 된다고 하였음.

23) 元亨利貞(으뜸 원/형통할 형/이로울 리/곧을 정) : 사물의 근본 되는 원리, 元은 봄으로 만물의 시초, 亨은 여름으로 만물이 자라고, 利는 가을로 만물이 이루어지고, 貞은 겨울로 만물을 거둠을 뜻함.

24) 要訣(구할 요/비결 결) : 가장 중요한 방법이나 긴요한 뜻.

25) 冲氣(빌 충/기운 기) : 冲和之氣, 곧 천지간의 조화된 기운.

26) 四聲(넉 사/소리 성) : 훈민정음에서, 중세 국어의 성조를 중국의 전통적 술어인 평성, 상성, 거성, 입성을 그대로 적용하여 네 종류로 나눈 것을 통틀어 이르는 말. 글자 왼쪽 곁에 방점을 찍어 표시함.

27) 兩儀(두 양/거동 의) : 양(陽)과 음(陰). 또는 하늘과 땅.

28) 深淺闔闢(깊을 심/얕을 천/문짝 합/열 벽) : 훈민정음 중성의 자질을 말함. 深淺은 조음할 때 혀의 자리에 따라 규정한 말이고, 闔闢은 조음할 때 입의 모양에 따라 규정한 말임.

29) 闢闔(열 벽/문짝 합) : 열리고 닫힌다는 뜻. 闢은 입을 벌리는 것을 말하는데 훈민정음 중성의 'ㅏㅓㅑㅕ'가 해당이 되고, 闔은 조음할 때 입을 오므리는 것을 말하는데 훈민정음 중성의 'ㅗㅜㅛㅠ'가 해당 됨.

30) 平聲(평평할 평/소리 성) : 중세 국어 사성의 하나로 낮은 소리를 일컫는 말.

31) 上聲(윗 상/소리 성) : 중세 국어 사성의 하나. 처음이 낮고 나중이 높은 소리로, 글자에 표시할 때 왼쪽에 점 두 개를 찍음.

32) 去聲(갈 거/소리 성) : 중세 국어 사성의 하나. 높은 소리로, 글자에 표시할 때 왼쪽에 점 하나를 찍음.

33) 入聲(들 입/소리 성) : 중세 국어 사성의 하나. 소리의 높낮이와는 별도로, 종성이 'ㄱ, ㄷ, ㅂ'로 끝나는 음절들을 묶은 것이다.

34) 琴柱(거문고 금/기둥 주) : 거문고, 가야금 따위 현악기의 현(絃)을 괴는 작은 받침.

35) 酉時(닭 유/때 시) : 십이시의 열째 시. 오후 다섯 시부터 일곱 시까지.

36) 閉藏(닫을 폐/감출 장) : 물건 따위를 드러나지 않게 감춤.

37) 方言(모 방/말씀 언) : 어느 한 지방에서만 쓰는, 표준어가 아닌 말.

38) 俚語(속될 리/말씀 어) : 항간에 떠돌며 쓰이는 속된 말.

39) 薛聰(맑을대쑥 설/귀밝을 총) : 남북국시대 통일신라의 3대 문장가로 이두 문자를 집대성한 학자. 아버지는 원효, 어머니는 요석공주이고 경주 설씨의 시조임.

40) 吏讀(벼슬아치 리/구절 두) : 설총이 만들었다고 전해오는 한자의 음과 훈을 빌려 우리말을 기록하던 표기법.

41) 鄙陋(다라울 비/좁을 루) : 행동이나 성질이 너절하고 더러움.

42) 篆書(전자 전/글 서) : 진나라 시황제 때 재상 이사가 이제까지 여러 지방에서 쓰이던 각종 글자체를 정리·통일한 서체인 소전.

43) 律呂(법 률/음률 려) : 우리나라 및 중국에서 음악이나 음성의 가락을 이르는 말로 율의 음과 여의 음이라는 뜻에서 나온 말. 곧 聲을 呂라 하고, 韻을 律이라고 했음.

44) 正統(바를 정/큰줄기 통) : 1436년을 원년으로 1449년까지 14년 동안 사용되었던 중국 명나라의 제6대 황제인 정통제(正統帝) 때의 연호.

45) 上澣(윗 상/빨 한) : 한 달 가운데 1일에서 10일까지의 동안. 당대 관리에게 열흘마다 하루씩 목욕휴가를 준 데서 유래.

논술 및 필기시험에서 좋은 성적을 원한다면 훈민정음 경필쓰기에 도전하세요.

# 훈민정음 경필 쓰기 검정 요강

유네스코에 인류문화 유산으로 등재된 세계 최고의 문자인 훈민정음을 보유한 문자 강국의 자긍심 계승을 위한 범국민 훈민정음 쓰기 운동으로《훈민정음 경필 쓰기 검정》을 시행함.

1. **자격명칭** : 훈민정음 경필쓰기 검정
2. **자격종류** : 등록(비공인) 민간자격(제2022-002214호)
3. **자격등급** : 사범, 특급, 1급, 2급, 3급
4. **발급기관** : 사단법인 훈민정음기념사업회(문화체육관광부 소관 공익법인 제2021-0007호)
5. **검정일시** : 정기검정과 수시검정 시행(정기검정 일정은 본 법인 홈페이지 참조)
6. **검정방법** : 『훈민정음 경필 쓰기[훈민정음(주)]』검정용 지정 도서에서 응시 희망 등급의 검정용 원고에 경필로
   써서 사단법인 훈민정음기념사업회로 우편 등기 혹은 택배로 접수시키면 됨
7. **응시자격** : • 나이, 학력, 국적, 성별과는 무관하게 누구나 응시 가능
   • 단, 사범 응시자는 특급 합격자에 한하여 응시할 수 있음

8. **검정 범위**
   **응시료 및**
   **합격기준** :

| 급수 | 검정범위 | 응시료 | 합격기준 |
|---|---|---|---|
| 사범 | 훈민정음해례본전체(100)+실기(30)+훈민정음이론(20) | 50,000원 | 총점의 70점 이상 취득자 |
| 특급 | 훈민정음 해례본 중 정인지 서문 | 30,000원 | 검정기준 총점의 60점 이상 취득자 |
| 1급 | 훈민정음 해례본 중 어제서문과 예의편 | 20,000원 | |
| 2급 | 훈민정음 언해본 중 예의편 | 15,000원 | |
| 3급 | 훈민정음 언해본 중 어제서문 | 10,000원 | |

9. **검정기준** : • 쓰기(필기규범 20점, 오자 유무 10점)
   • 필획(필법의 정확성 20점, 필획의 유연성 10점)
   • 결구(균형 15점, 조화 15점)
   • 창의(서체의 창의성 20점, 전체의 통일성 20점)

10. **시상기준** :

| 시상종류 | 급수 | 초등학생 | 중학생 | 고등학생 | 시상내용 |
|---|---|---|---|---|---|
| 세종대왕상 | 사범에 한함 | 90점 이상자 중 최고 득점자 | | | 매회 세종대왕상 및 장원급제의 장학금과 장원상 및 아원상의 상품은 훈민정음 평가원의 심의를 거쳐 정함. |
| 장원급제 | 특급에 한함 | 90점 이상자 중 최고 득점자 | | | |
| 장원 | 1급 | 76점 이상 | 81점 이상 | 86점 이상 | |
| | 2급 | 76점 이상 | 81점 이상 | 86점 이상 | |
| | 3급 | 76점 이상 | 81점 이상 | 86점 이상 | |
| 아원 | 1급 | 71점 이상 | 76점 이상 | 81점 이상 | |
| | 2급 | 71점 이상 | 76점 이상 | 81점 이상 | |
| | 3급 | 71점 이상 | 76점 이상 | 81점 이상 | |

※ 세종대왕상 및 장원급제자의 장학증서와 장학금은 만 19세 미만의 초·중·고 학생에 한함

11. **응시료 입금처** : 새마을금고 9002-1998-5051-9 (사단법인 훈민정음기념사업회)
12. **응시료 환불 규정** : 1) 접수 기간 내 ~ 접수 마감 후 7일까지 ☞ 100% 환급
    2) 접수 마감 8일 ~ 14일까지 ☞ 50% 환급
    3) 접수 마감 15일 ~ 검정 당일까지 ☞ 환급 불가
13. **검정원고접수처** : (16978) 용인특례시 기흥구 강남동로 6, 401호(그랜드 프라자)

문화체육관광부 소관 제2021-0007호
사단법인 훈민정음기념사업회    Tel. 031-287-0225  E-mail : hmju119@naver.com
www.hoonminjeongeum.kr

曹判書集賢殿大提學知春秋

館事　世子右賓客　臣鄭麟趾

拜手稽首謹書

訓民正音

# 훈민정음 경필쓰기 검정

# 1급용 원고

어제 서문 + 예의편

| 응시자 | 성 명 | | | | 생년월일 | |
|---|---|---|---|---|---|---|
| | 연락처 | | | | | |

문화체육관광부 소관 제2021-0007호

사단법인 훈민정음기념사업회

訓民正音

國之語音。異乎中國。與文字不相流通。故愚民有所欲言。而終不得伸其情者多矣。予為此憫然。新制二十八字。欲使人人易習。便於日用耳

ㄱ。牙音。如君字初發聲

並書。如虯字初發聲

ㅋ。牙音。如快字初發聲

ㆁ。牙音。如業字初發聲

ㄷ。舌音。如斗字初發聲

並書。如覃字初發聲

ㅌ。舌音。如吞字初發聲

ㄴ。舌音。如那字初發聲

ㅂ。脣音。如彆字初發聲

並書。如步字初發聲

ㅍ。脣音。如漂字初發聲

ㅁ。脣音。如彌字初發聲

ㅈ。齒音。如卽字初發聲

並書。如慈字初發聲

ㅊ。齒音。如侵字初發聲

ㅅ。齒音。如戌字初發聲

並書。如邪字初發聲

ㆆ。喉音。如挹字初發聲

ㅎ。喉音。如虛字初發聲

並書。如洪字初發聲

ㅇ。喉音。如欲字初發聲

ㄹ。半舌音。如閭字初發聲

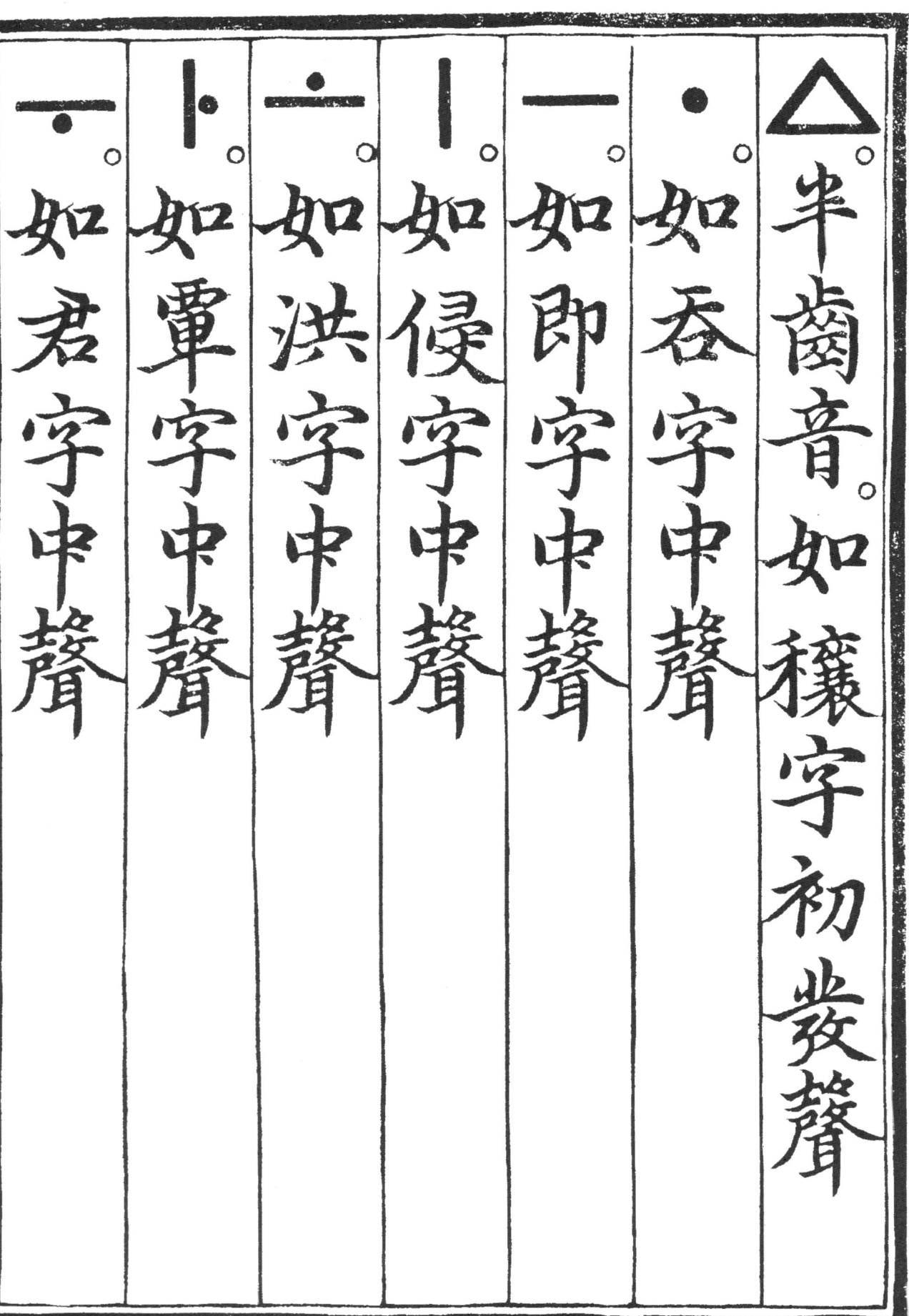

△。半齒音。如穰字初發聲

‧。如吞字中聲

ㅡ。如即字中聲

ㅣ。如侵字中聲

ㅗ。如洪字中聲

ㅏ。如覃字中聲

ㅜ。如君字中聲

ㅓ。如業字中聲

‥。如欲字中聲

ㅑ。如穰字中聲

‥。如戌字中聲

ㅕ。如彆字中聲

終聲復用初聲。○連書脣音

之下則為脣輕音。初聲合用

則並書終聲同。•一ㅗㅜㅛㅠ

ㅣ附書初聲之下。ㅣㅏㅓ

ㅑㅕ附書於右凡字必合而成

音左加一點則去聲二則上

聲無則平聲入聲加點同而

促急

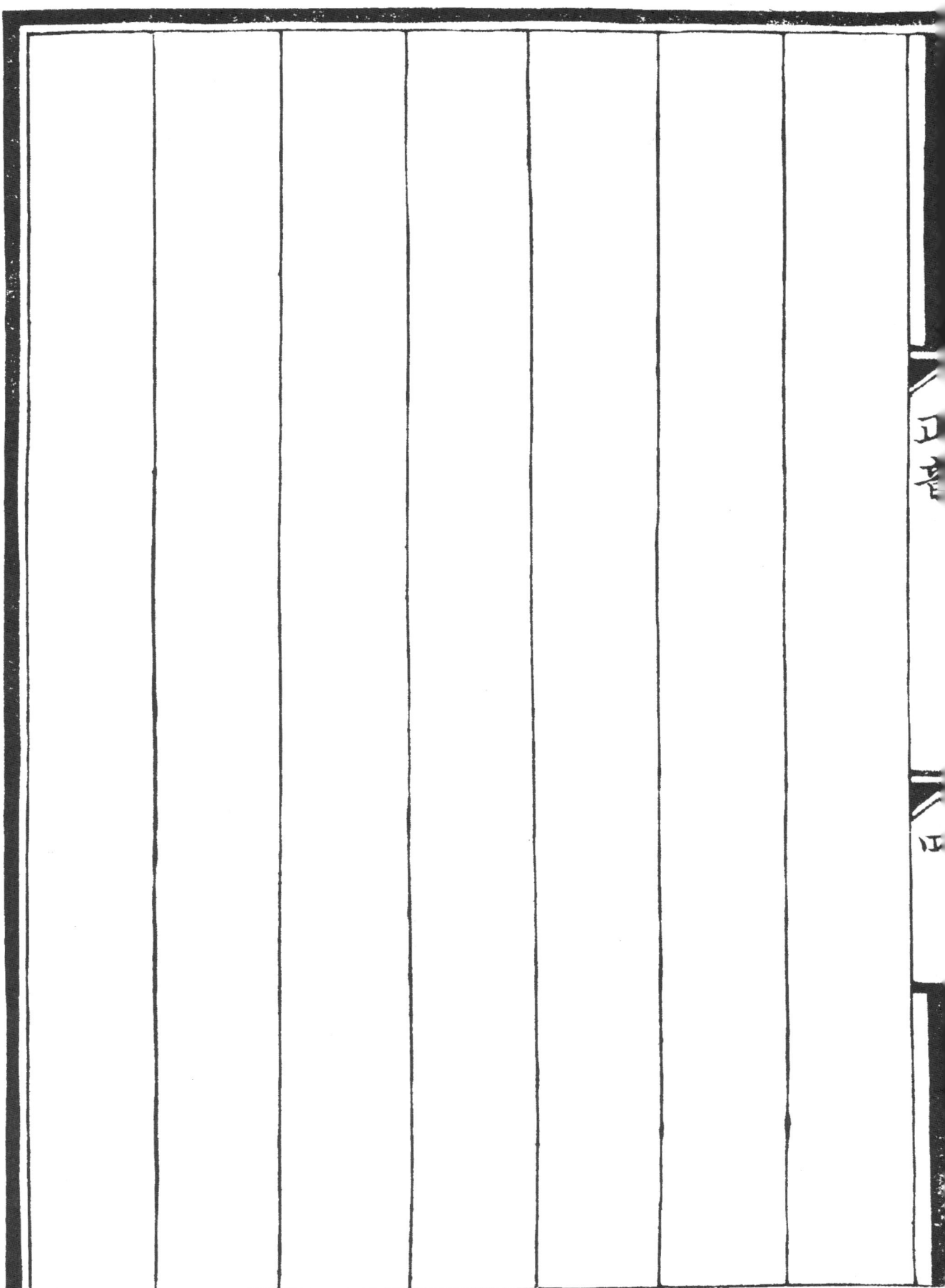

訓民正音解例

制字解

天地之道一陰陽五行而已坤復

之間爲太極。而動靜之後爲陰陽。

凡有生類在天地之間者。捨陰陽

而何之。故人之聲音。皆有陰陽之

理。顧人不察耳。今正音之作。初非

智營而力索。但因其聲音而極其

理而已。理既不二。則何得不與天地鬼神同其用也。正音二十八字。各象其形而制之。初聲凡十七字。牙音「ㄱ」象舌根閉喉之形。舌音ㄴ象舌附上腭之形。脣音ㅁ象口形。齒音ㅅ象齒形。喉音ㅇ象喉形。ㅋ比「ㄱ」聲出稍厲。故加畫。ㄴ而ㄷ。ㄷ而ㅌ。ㅁ而ㅂ。ㅂ而ㅍ。ㅅ而ㅈ。ㅈ而

ㅊ。○而ㆆ。ㆆ而ᅙ其因聲加畫之

義皆同。而唯○為異。半舌音ㄹ半

齒音△。亦象舌齒之形而異其體

無加畫之義焉。夫人之有聲本於

五行。故合諸四時而不悖叶之五

音而不戾。喉邃而潤。水也。聲虛而

通。如水之虛明而流通也。於時為

冬。於音為羽。牙錯而長。木也。聲似

喉而實。如木之生於水而有形也。

於時為春。於音為角舌銳而動。火

也聲轉而颺。如火之轉展而揚揚

也。於時為夏。於音為徵齒剉而斷。

金也聲屑而滯。如金之屑瑣而鎩

成也。於時為秋。於音為商唇方而

合。土也聲含而廣。如土之含蓄萬

物而廣大也。於時為季夏。於音為

宮。然水乃生物之源火乃成物之
用。故五行之中。水火為大。喉乃出
聲之門。舌乃辨聲之管故五音之
中。喉舌為主也。喉居後而牙次之。
北東之位也。舌齒又次之。南西之
位也。脣居末。土無定位而寄旺四
季之義也。是則初聲之中。自有陰
陽五行方位之數也。又以聲音清

濁而言之ㄱㄷㅂㅈㅅㆆ爲全清。ㅋㅌㅍㅊㅎ爲次清。ㄲㄸㅃㅉㅆㆅ爲全濁。ㆁㄴㅁㅇㄹㅿ爲不清不濁。ㄴㅁㅇ其聲㝡不厲。故次序雖在於後。而象形制字則爲之始。ㅅㅈ雖皆爲全清。而ㅅ比ㅈ聲不厲。故亦爲制字之始。唯牙之ㆁ。雖舌根閉喉聲氣出鼻。而其聲與ㅇ

相似。故韻書疑與喻多相混用。今
亦取象於喉。而不爲牙音制字之
始。盖喉屬水而牙屬木。○雖在牙
而與○相似。猶木之萌芽生於水
而柔軟。尚多水氣也。ㄱ木之成質。
ㅋ木之盛長。ㄲ木之老壯。故至此
乃皆取象於牙也。全清並書則爲
全濁。以其全清之聲凝則爲全濁

也。唯喉音次清爲全濁者。盖以ㆆ
聲深不爲之凝。ㅎ比ㆆ聲淺。故凝
而爲全濁也。○連書脣音之下。則
爲脣輕音者。以輕音脣乍合而喉
聲多也。中聲凡十一字。・舌縮而
聲深。天開於子也。形之圓。象乎天
也。ㅡ舌小縮而聲不深不淺。地闢
於丑也。形之平。象乎地也。ㅣ舌不

縮而聲淺人生於寅也。形之立象

乎人也。此下八聲一闢一闔。・與

・同而口蹙。其形則・與一合而

成。象天地初交之義也。ト與・同

而口張。其形則ー與・合而成。象

天地之用發於事物待人而成也。

ー與一同而口蹙。其形則ー與・

合而成。亦象天地初交之義也。十

與一同而口張·其形則·與一合
而成·亦取天地之用發於事物待
人而成也·ㅜ與·同而ㅏ
與ㅗ同而起於ㅣ·ㅕ與·同而起
於ㅣ·ㅑ與ㅣ同而起於ㅣ·ㅓ·ㅏ
ㅓ始於天地·為初出也·ㅛㅑㅠㅕ
起於ㅣ而兼乎人·為再出也·
ㅣ·ㅗ之一其圓者·取其初生之義

也。ㅛㅑㅠㅕ之二其圓者取其再

生之義也。ㅛㅑ之圓居上與

外者。以其出於天而為陽也。ㅠㅕ

ㅠㅕ之圓居下與內者。以其出於

地而為陰也。•之貫於八聲者猶

陽之統陰而周流萬物也ㅛㅑ

ㅠㅕ之咍燕乎八者。以人為萬物之

靈而能參兩儀也東象於天地人

而三才之道備矣。然三才為萬物之先，而天又為三才之始，猶·ㅡㅣ三字為八聲之首，而·又為三字之冠也。

ㅗ初生於天，天一生水之位也。ㅏ次之，天三生木之位也。

ㅜ初生於地，地二生火之位也。ㅓ次之，地四生金之位也。

ㅛ再生於天，天七成火之數也。ㅑ次之，天九

成金之數也。ㅠ再生於地。地六成

水之數也。ㅕ次之。地八成木之數

也。水火未離乎氣陰陽交合之初

故闔木金陰陽之定質。故闢。·天

五生土之位也。地十成土之數

也。ㅣ獨無位數者盖以入則無極

之真。二五之精妙合而凝。固未可

以定位成數論也。是則中聲之中

亦自有陰陽五行方位之數也。以
初聲對中聲而言之。陰陽。天道也。
剛柔。地道也。中聲者。一深一淺一
闔一闢是則陰陽分而五行之氣
具焉。天之用也。初聲者。或虛或實
或颺或滯或重若輕。是則剛柔著
而五行之質成焉。地之功也。中聲
以深淺闔闢唱之於前。初聲以五

音清濁和之於後。而爲初亦爲終
亦可見萬物初生於地復歸於地
也。以初中終合成之字言之。亦有
動靜互根陰陽交變之義焉。動者
天也。靜者。地也。兼乎動靜者人也。
蓋五行在天則神之運也。在地則
質之成也。在人則仁禮信義智神
之運也。肝心脾肺腎質之成也。初

聲有發動之義。天之事也。終聲有
止定之義。地之事也。中聲承初之
生。接終之成。人之事也。盖字韻之
要在於中聲。初終合而成音。亦猶
天地生成萬物。而其財成輔相則
必頼乎人也。終聲之復用初聲者。
以其動而陽者乾也。静而陰者亦
乾也。乾實分陰陽而無不君宰也。

一元之氣周流不窮。四時之運。循
環無端。故貞而復元。冬而復春。初
聲之復爲終。終聲之復爲初。亦此
義也。吁。正音作而天地萬物之理
咸備其神矣。是殆天啓
聖心而假手焉者乎。訣曰
天地之化本一氣
陰陽五行相始終

物於兩間有形聲
元本無二理數通
正音制字尚其象
因聲之屬每加畫
音出牙舌脣齒喉
是為初聲字十七
牙承舌根閉喉形
唯業似欲承義別。

舌迺象舌附上腭

脣則實是承口形

齒喉直取齒喉象

又有半舌半齒音

知斯五義聲自明

取象同而體則異

那彌戌欲聲不屬

次序雖後象形始

配諸四時與冲氣

五行五音無不協

維喉為水冬與羽

牙迺春木其音角

徵音夏火是舌聲

齒則商秋又是金

脣於位數本無定

土而季夏為宮音

聲音又自有清濁

要於初發細推尋

全清聲是君斗彆

即戌挹亦全清聲

若迺快吞漂侵虛

五音各一為次清

全濁之聲虯覃步

又有慈邪亦有洪

仝清並書為仝濁

唯洪自虛是不同

業那彌欲及閭樣

其聲不清又不濁

欲之連書為脣輕

喉聲多而脣乍合

中聲十一亦取象

精義未可容易觀

吞擬於天聲最深

所以圓形如彈丸

即聲不深又不淺

其形之平象乎地

侵象人立厥聲淺

三才之道斯為備

洪出於天尚為闔

象取天圓合地平

單亦出天為已闢

發於事物就人成

用初生義一其圓

出天為陽在上外

欲穰兼人為再出

二圓為形見其義

君業成彆出於地

據例自知何湏評

吞之為字貫八聲

維天之用徧流行

四聲兼人亦有由

人參天地為最靈

且就三聲究至理

自有剛柔與陰陽

中是天用陰陽分

初迺地功剛柔彰

中聲唱之初聲和

天光乎地理自然

和者為初亦為終

物生復歸皆於坤

陰變為陽陽變陰

一動一靜互為根

初聲復有發生義

為陽之動主於天

終聲比地陰之靜

字音於此止定焉

韻成要在中聲用

人能輔相天地宜

陽之為用通於陰

至而伸則反而歸

初終雖云分兩儀

終用初聲義可知

正音之字只廿八

探賾錯綜窮深幾

指遠言近牗民易

天授何曾智巧為

初聲解

正音初聲。即韻書之字母也。聲音

由此而生。故曰母。如牙音君字初

聲是「ㄱ」「ㄱ」與「ㅣ」而為「기」。快字初聲

是ㅋ與ㅋ而爲ㅋㅖ쾌字初聲是

ㄲㅠ與ㅛ而爲ㅂ업業字初聲是ㅇ

ㅇ與ㅛ而爲업之類。舌之斗吞覃

那脣之彆漂步彌齒之卽侵慈戌

邪喉之挹虛洪欲半舌半齒之閭

穰。唯俆此。訣曰

君快虯業其聲牙

舌聲斗吞及覃那

警漂步彌則是脣

齒宥即侵慈戍邪

挹虛洪欲迺喉聲

閭為半舌穰半齒

二十三字是為母

萬聲生生皆自此

中聲解

中聲者居字韻之中合初終而成

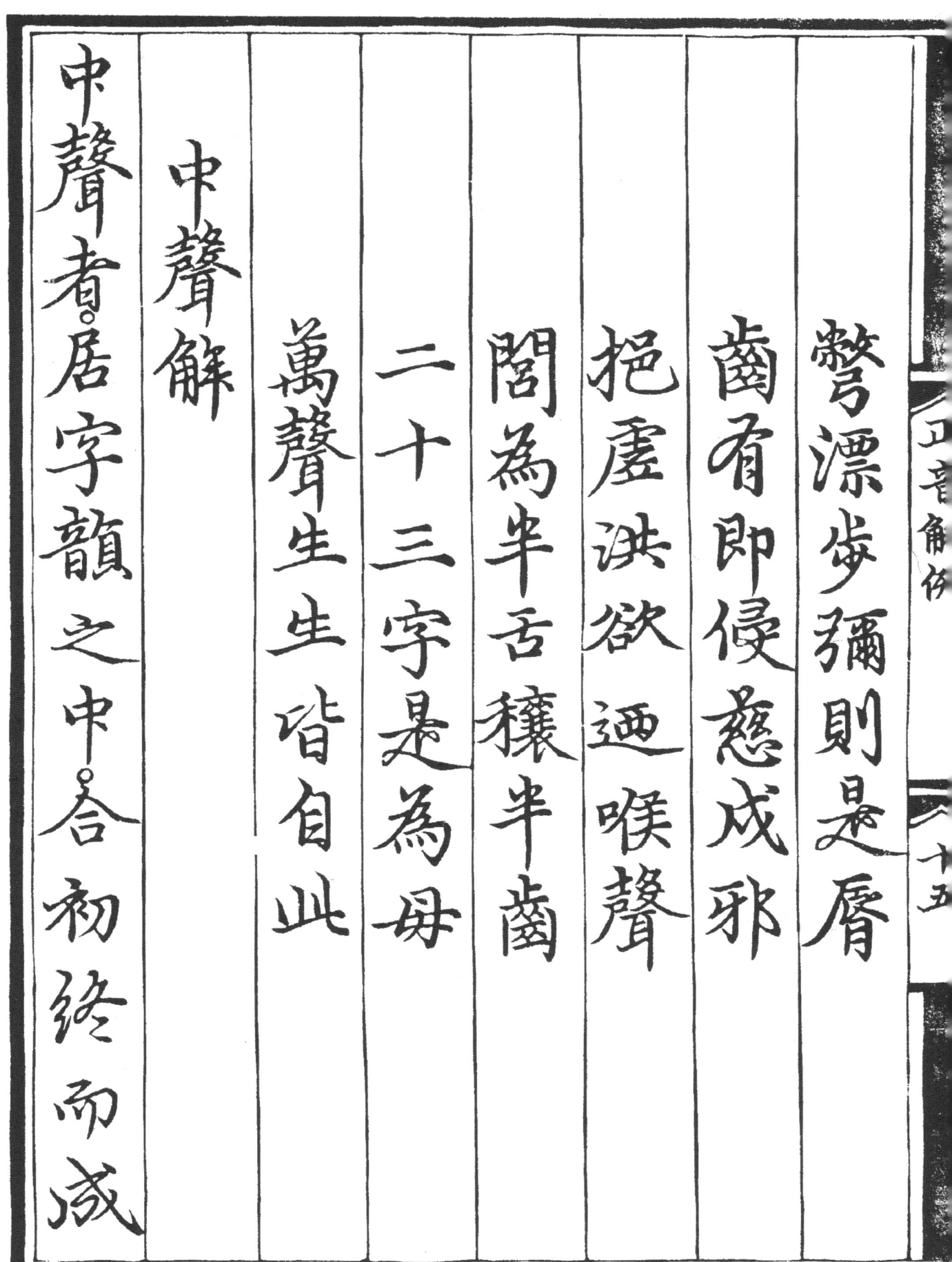

音。如吞字中聲是 ・・・ 居
ㅌㄴ之

間而為ㅌㅣ即字中聲是
一。居ㅈㅊ

ㄱ之間而為ㅎㅣ侵字中聲是
ㅣ・ㅣ

居大口之間而為ㅎㅣ之類。洪覃君

業欲穰戌彆瞥慿倣此。二字合用者

・與ㅣ同出於・故合而為ㅗㅑ・・

一與ㅏ又同出於ㅣ故合而為ㅘㅑ・

與ㅓ同出於一故合而為ㅝ・・・與

ㅛ又同出於ㅣ。故合而為ㆇ。ㅠ以其

同出而為ㆌ。故相合而不悖也。ㅣ

字中聲之與ㅣ相合者十。ㆍㅣㅡㅣ

ㅗㅣㅏㅣㅜㅣㅓㅣㅛㅣㅑㅣㅠㅣㅕㅣ是也。二字中聲

之與ㅣ相合者四。ㅙㅐㅞㅖ是也。

ㅣ於深淺闔闢之聲並能相随者

以其舌展聲淺而便於開口也。亦

可見人之參贊開物而無所不通

也。訣曰

毋字之音各有中

須就中聲尋闢闔

洪覃自吞可合用

君業出即亦可合

欲之與穰戌與彆

各有所從義可推

侵之為用最居多

於十四聲徧相隨

終聲解

終聲者承初中而成字韻。如即字

終聲是ㄱ居ㅈ終而爲즉。洪字

終聲是ㆁ居ㅗ終而爲ᅘᅩᆼ之類。

舌脣齒喉皆同聲有緩急之殊。故

平上去其終聲不類入聲之促急。

不清不濁之字其聲不厲。故用於

終則宜於平上去。全清次清全濁

之字其聲為屬。故用於終則宜於

入。所以ㆁㄴㅁㅇㄹㅿ六字為平

上去聲之終。而餘皆為入聲之終

也。然ㄱㆁㄷㄴㅂㅁㅅㄹ八字可

足用也。如빗곶為梨花ㅇ·ㅣ갗為

狐皮。而ㅅ字可以通用。故只用ㅅ

字。且ㅇ聲淡而虛。不必用於終。而

中聲可得成音也。ㄷ如볃爲彆。ㄱ如굮爲君。ㅂ如업爲業。ㅁ如땀爲覃。ㅅ如諺語옷爲衣。ㄹ如諺語실爲絲之類。五音之緩急。亦各自爲對。如牙之ㆁ與ㄱ爲對。而ㆁ促呼則變爲ㄱ而急。ㄱ舒出則變爲ㆁ而緩。舌之ㄴㄷ。脣之ㅁㅂ。齒之ㅿㅅ。喉之ㅇㆆ。其緩急相對。亦猶是

也。且半舌之ㄹ。當用於諺。而不可

用於文。如入聲之彆字。終聲當用

ㄷ。而俗習讀為ㄹ。盖ㄷ變而為輕

也。若用ㄹ為彆之終。則其聲舒緩

不為入也。訣曰

不清不濁用於終

為平上去不為入

全清次清及全濁

是皆為入聲促急

初作終聲理固然

只將八字用不窮

唯有欲聲所當處

中聲成音亦可通

若書即字終用君

洪彆亦以業斗終

君業覃終又何如

以那彆彌次弟推

六聲通乎文與諺

成閭用於諺衣絲

五音緩急各自對

君聲迺是業之促

斗彆聲緩為那彌

穰欲亦對成與挹

閭宜於諺不宜文

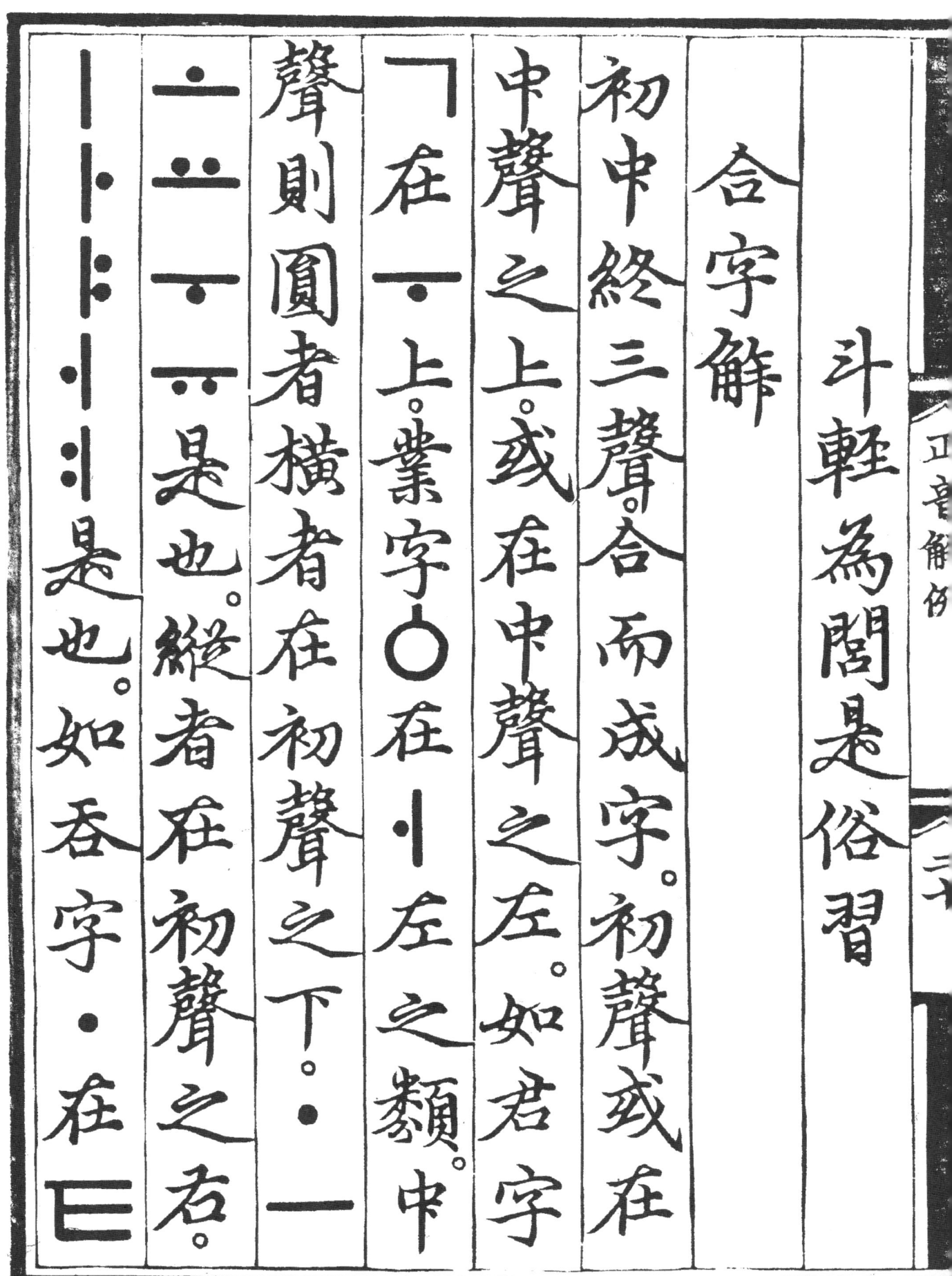

斗輕為閭是俗習

合字解

初中終三聲合而成字。初聲或在
中聲之上。或在中聲之左。如君字
ㄱ在ㅡ上。業字ㅇ在ㅓ左之類。中
聲則圓者橫者在初聲之下。·一
ㅗㅛㅜㅠ是也。縱者在初聲之右。
ㅣㅏㅑㅓㅕ是也。如吞字·在
ㅌ

下。即字ㅡ在ㅈ下。侵字ㅣ在ㅊ

右之類。終聲在初中之下。如君字ㄴ

在ㄱ下。業字ㅂ在ㅓ下之類。初聲

二字三字合用並書。如諺語·ᄯᅡ為

地。ᄶᅡ為隻。ᄠᅵ為隙之類。各自並書

如諺語·혀為舌而ᅘᅧ為引。괴·ᅇᅧ為

我愛人而괴·ᅇᅧ為人愛我。소·다為

覆物而·쏘·다為射之之類。中聲二

《正音解例》　《三十一》

字三字合用。如諺語 과爲琴柱。홰

爲炬之類。終聲二字三字合用。如

諺語흙爲土。낛爲釣。둙ᄢ

之類。其合用並書自左而右。初中

終三聲皆同。文與諺雜用則有因

字音而補以中終聲者。如孔子ㅣ

魯人사ᄅᆞᆷ之類。諺語平上去入。如

활爲弓而其聲平。돌爲石而其聲

上·갈爲刀而其聲去。붇爲筆而其
聲入之類。凡字之左。加一點爲去
聲。二點爲上聲。無點爲平聲。而文
之入聲與去聲相似。諺之入聲無
定。或似平聲。如긷爲柱。녑爲脅。或
似上聲。如:낟爲穀。:깁爲繒。或似去
聲。如·몯爲釘。·입爲口之類。其加點
則與平上去同。平聲安而和。春也。

萬物舒泰。上聲和而舉。夏也。萬物
漸盛去聲舉而壯。秋也。萬物成熟。
入聲促之而塞。冬也。萬物閉藏初聲
之○與○相似。於諺可以通用也。
半舌有輕重二音。然韻書字母唯
一。且國語雖不分輕重。唉得成音。
各欲備用。則依脣輕例。○連書己
下。為半舌輕音。舌乍附上腭。‧一

起一聲於國語無用。兒童之言邊

野之語或有之。當合二字而用。如

ㄱㅣㄱㅗ之類其先縱後橫。與他不同。

訣曰

初聲在中聲左上

挹欲於諺用相同

中聲十一附初聲

圓橫書下右書縱

欲書終聲在何處

初中聲下接着寫

初終合用各並書

中亦有合悉自左

諺之四聲何以辨

平聲則弓上則石

刀為去而筆為入

觀此四物他可識

音因左點四聲今

一去二上無點平

語入無定亦加點

文之入則似去聲

方言俚語萬不同

有聲無字書難通

一朝

制作侔神工

用字例

初聲ㄱ。如·감爲柿ᄀᆞᆯ爲蘆。ㅋ。如우케爲未舂稻콩爲大豆。ㆁ。如러울爲獺서에爲流澌ㄷ。如뒤爲茅담爲墻。ㅌ。如고티爲繭두텁爲蟾蜍ㄴ。如노로爲獐납爲猿ㅂ。如불爲臂벌爲蜂ㅍ。如ᄑᆞ爲蔥·풀爲蠅ㅁ。

如·뫼為山·마為薯蕷。ㅸ如사·ᄫᅵ為蝦드·븨為瓠。ㅈ如·자為尺죠ᄒᆡ為紙。ㅊ如·체為籭·채為鞭。ㅅ如·손為手:셤為島。ㅎ如·부헝為鵂鶹·힘為筋。ㅇ如·비육為鷄雛·ᄇᆡ얌為蛇。ㄹ如·무뤼為雹어·름為氷。ㅿ如아ᄉᆞ為弟:너ᅀᅵ為鴇。○中聲·ㆍ如ᄐᆞᆨ為頤·ᄑᆞᆺ為小豆드·리為橋ㄱ·래為楸。

如믈為水。발측為跟그력為鴈드

레為汲器。ㅣ如기ᅀᅵ為巢밀為蠟피

為稷키為箕。如논為水田틉為

鉏호미為鉏벼로為硯。ㅏ如밤為

飯납為鎌이아為綜사合為鹿

如숫為炭울為籬누에為蠶구리

為銅ㅏ如브섭為竈널為板서리

為霜벼들為柳ㅛ如죵為奴고욤

爲梬 쇼爲牛 삽됴爲蒼朮菜 ㅑ如

남샹爲龜 약爲鼊 다야爲匜 쟈

감爲蕎麥皮 ㅠ如 율믜爲薏苡 쥭

爲飯臿 슈룹爲雨繖 쥬련爲帨 ㅕ

如엿爲飴餹 뎔爲佛寺 벼爲稻 져

비爲燕 終聲ㄱ如닥爲楮 독爲

甕 ㆁ如굼벙爲蠐螬 올창爲蝌蚪

ㄷ如갇爲笠 싣爲楓 ㄴ如신爲屨 반

딕為螢口。如싑為薪曰為蹄口。如

삠為虎심為泉人。如꽀為海松吳

為池己。如듸為月삘為星之額

有天地自然之聲則必有天地

自然之文。所以古人因聲制字。

以通萬物之情以載三才之道

而後世不能易也。然四方風土

區別。聲氣亦隨而異焉。盖外國

之語。有其聲而無其字。假中國
之字以通其用。是猶枘鑿之鉏
鋙也。豈能達而無礙乎。要皆各
隨所處而安。不可強之使同也。
吾東方禮樂文章。侔擬華夏。但
方言俚語。不與之同學書者患
其旨趣之難曉。治獄者病其曲
折之難通。昔新羅薛聰。始作吏

正音解例

二十七

讀官府民間。至今行之。然皆假
字而用。或澁或窒。非但鄙陋無
稽而已。至於言語之間。則不能
達其萬一焉。癸亥冬我
殿下創制正音二十八字。略揭
例義以示之。名曰訓民正音象
形而字倣古篆。因聲而音叶七
調。三極之義。二氣之妙。莫不賅

括。以二十八字而轉換無窮簡
而要精而通。故智者不終朝而
會。愚者可浹旬而學。以是解書。
可以知其義。以是聽訟。可以得
其情字韻則清濁之能辨樂歌
則律呂之克諧。無所用而不備。
無所往而不達。雖風聲鶴唳。雞
鳴狗吠。皆可得而書矣。遂

命詳加解釋。以諭諸人。於是。臣

與集賢殿應敎 臣崔恆。副校理

臣朴彭年。臣申叔舟。俯撰臣成

三問。敦寧府注簿臣姜希顏。行

集賢殿副修撰臣李塏。臣李善

老等謹作諸解及例。以叙其梗

槩。庶使觀者不師而自悟若其

淵源精義之妙。則非臣等之所

能爲揮也。恭惟我

殿下。天縱之聖。制度施爲超越

百王。正音之作。無所祖述。而成

於自然。豈以其至理之無所不

在。而非人爲之私也。夫東方有

國。不爲不久。而開物成務之

大智。盖有待於今日也歟。正統

十一年九月上澣。資憲大夫禮

| 訓 | 民 | 正 | 音 | | | | | | |
|---|---|---|---|---|---|---|---|---|---|
| | | | | | | | | | |

| 國 | 之 | 語 | 音 | 異 | 乎 | 中 | 國 | 與 | 文 | 字 |
|---|---|---|---|---|---|---|---|---|---|---|
| | | | | | | | | | | |

| 不 | 相 | 流 | 通 | 故 | 愚 | 民 | 有 | 所 | 欲 | 言 |
|---|---|---|---|---|---|---|---|---|---|---|
| | | | | | | | | | | |

| 而 | 終 | 不 | 得 | 伸 | 其 | 情 | 者 | 多 | 矣 | 予 |
|---|---|---|---|---|---|---|---|---|---|---|
| | | | | | | | | | | |

| 爲 | 此 | 憫 | 然 | 新 | 制 | 二 | 十 | 八 | 字 | 欲 |
|---|---|---|---|---|---|---|---|---|---|---|
| | | | | | | | | | | |

| 使 | 人 | 人 | 易 | 習 | 便 | 於 | 日 | 用 | 耳 | |
|---|---|---|---|---|---|---|---|---|---|---|
| | | | | | | | | | | |

| ㄱ | 牙 | 音 | 如 | 君 | 字 | 初 | 發 | 聲 | | |
|---|---|---|---|---|---|---|---|---|---|---|
| | | | | | | | | | | |

| | 並 | 書 | 如 | 虯 | 字 | 初 | 發 | 聲 | |
|---|---|---|---|---|---|---|---|---|---|
| | | | | | | | | | |
| ㅋ | 牙 | 音 | 如 | 快 | 字 | 初 | 發 | 聲 | |
| | | | | | | | | | |
| ㆁ | 牙 | 音 | 如 | 業 | 字 | 初 | 發 | 聲 | |
| | | | | | | | | | |
| ㄷ | 舌 | 音 | 如 | 斗 | 字 | 初 | 發 | 聲 | |
| | | | | | | | | | |
| | 並 | 書 | 如 | 覃 | 字 | 初 | 發 | 聲 | |
| | | | | | | | | | |
| ㅌ | 舌 | 音 | 如 | 呑 | 字 | 初 | 發 | 聲 | |
| | | | | | | | | | |
| ㄴ | 舌 | 音 | 如 | 那 | 字 | 初 | 發 | 聲 | |
| | | | | | | | | | |

| ㅂ | 脣 | 音 | 如 | 彆 | 字 | 初 | 發 | 聲 | |
|---|---|---|---|---|---|---|---|---|---|
| | | | | | | | | | |
| | 並 | 書 | 如 | 步 | 字 | 初 | 發 | 聲 | |
| | | | | | | | | | |
| ㅍ | 脣 | 音 | 如 | 漂 | 字 | 初 | 發 | 聲 | |
| | | | | | | | | | |
| ㅁ | 脣 | 音 | 如 | 彌 | 字 | 初 | 發 | 聲 | |
| | | | | | | | | | |
| ㅈ | 齒 | 音 | 如 | 即 | 字 | 初 | 發 | 聲 | |
| | | | | | | | | | |
| | 並 | 書 | 如 | 慈 | 字 | 初 | 發 | 聲 | |
| | | | | | | | | | |
| ㅊ | 齒 | 音 | 如 | 侵 | 字 | 初 | 發 | 聲 | |
| | | | | | | | | | |

| 人 | 齒 | 音 | 如 | 戌 | 字 | 初 | 發 | 聲 | |
|---|---|---|---|---|---|---|---|---|---|
| | | | | | | | | | |

| | 並 | 書 | 如 | 邪 | 字 | 初 | 發 | 聲 | |
|---|---|---|---|---|---|---|---|---|---|
| | | | | | | | | | |

| ㆆ | 喉 | 音 | 如 | 挹 | 字 | 初 | 發 | 聲 | |
|---|---|---|---|---|---|---|---|---|---|
| | | | | | | | | | |

| ㅎ | 喉 | 音 | 如 | 虛 | 字 | 初 | 發 | 聲 | |
|---|---|---|---|---|---|---|---|---|---|
| | | | | | | | | | |

| | 並 | 書 | 如 | 洪 | 字 | 初 | 發 | 聲 | |
|---|---|---|---|---|---|---|---|---|---|
| | | | | | | | | | |

| ㅇ | 喉 | 音 | 如 | 欲 | 字 | 初 | 發 | 聲 | |
|---|---|---|---|---|---|---|---|---|---|
| | | | | | | | | | |

| ㄹ | 半 | 舌 | 音 | 如 | 閭 | 字 | 初 | 發 | 聲 |
|---|---|---|---|---|---|---|---|---|---|
| | | | | | | | | | |

| △ | 半 | 齒 | 音 | 如 | 穰 | 字 | 初 | 發 | 聲 | |
|---|---|---|---|---|---|---|---|---|---|---|
| | | | | | | | | | | |

| ㆍ | 如 | 吞 | 字 | 中 | 聲 | | | | | |
|---|---|---|---|---|---|---|---|---|---|---|
| | | | | | | | | | | |

| ㅡ | 如 | 即 | 字 | 中 | 聲 | | | | | |
|---|---|---|---|---|---|---|---|---|---|---|
| | | | | | | | | | | |

| ㅣ | 如 | 侵 | 字 | 中 | 聲 | | | | | |
|---|---|---|---|---|---|---|---|---|---|---|
| | | | | | | | | | | |

| ㅗ | 如 | 洪 | 字 | 中 | 聲 | | | | | |
|---|---|---|---|---|---|---|---|---|---|---|
| | | | | | | | | | | |

| ㅏ | 如 | 覃 | 字 | 中 | 聲 | | | | | |
|---|---|---|---|---|---|---|---|---|---|---|
| | | | | | | | | | | |

| ㅜ | 如 | 君 | 字 | 中 | 聲 | | | | | |
|---|---|---|---|---|---|---|---|---|---|---|
| | | | | | | | | | | |

| ㅓ | 如 | 業 | 字 | 中 | 聲 | | | | |
|---|---|---|---|---|---|---|---|---|---|
| | | | | | | | | | |

| ㅛ | 如 | 欲 | 字 | 中 | 聲 | | | | |
|---|---|---|---|---|---|---|---|---|---|
| | | | | | | | | | |

| ㅑ | 如 | 穰 | 字 | 中 | 聲 | | | | |
|---|---|---|---|---|---|---|---|---|---|
| | | | | | | | | | |

| ㅠ | 如 | 戌 | 字 | 中 | 聲 | | | | |
|---|---|---|---|---|---|---|---|---|---|
| | | | | | | | | | |

| ㅕ | 如 | 彆 | 字 | 中 | 聲 | | | | |
|---|---|---|---|---|---|---|---|---|---|
| | | | | | | | | | |

| 終 | 聲 | 復 | 用 | 初 | 聲 | ○ | 連 | 書 | 脣 | 音 |
|---|---|---|---|---|---|---|---|---|---|---|
| | | | | | | | | | | |

| 之 | 下 | 則 | 爲 | 脣 | 輕 | 音 | 初 | 聲 | 合 | 用 |
|---|---|---|---|---|---|---|---|---|---|---|
| | | | | | | | | | | |

| 則 | 並 | 書 | 終 | 聲 | 同 | ˙ | 一 | ㅗ | ㅜ | ㅛ |
|---|---|---|---|---|---|---|---|---|---|---|
|   |   |   |   |   |   |   |   |   |   |   |

| ㅠ | 附 | 書 | 初 | 聲 | 之 | 下 | ㅣ | ㅏ | ㅓ | ㅑ |
|---|---|---|---|---|---|---|---|---|---|---|
|   |   |   |   |   |   |   |   |   |   |   |

| ㅕ | 附 | 書 | 於 | 右 | 凡 | 字 | 必 | 合 | 而 | 成 |
|---|---|---|---|---|---|---|---|---|---|---|
|   |   |   |   |   |   |   |   |   |   |   |

| 音 | 左 | 加 | 一 | 點 | 則 | 去 | 聲 | 二 | 則 | 上 |
|---|---|---|---|---|---|---|---|---|---|---|
|   |   |   |   |   |   |   |   |   |   |   |

| 聲 | 無 | 則 | 平 | 聲 | 入 | 聲 | 加 | 點 | 同 | 而 |
|---|---|---|---|---|---|---|---|---|---|---|
|   |   |   |   |   |   |   |   |   |   |   |

| 促 | 急 |  |  |  |  |  |  |  |  |  |
|---|---|---|---|---|---|---|---|---|---|---|
|   |   |   |   |   |   |   |   |   |   |   |

| 응시자 | 성 명 |  |  |  |  |
|---|---|---|---|---|---|
|  | 생년월일 |  |  |  |  |
|  | 연 락 처 |  |  |  |  |

# 훈민정음 경필쓰기 검정

# 특급용 원고

## 정인지 서문

| 응시자 | 성 명 | | | | 생년월일 | |
|---|---|---|---|---|---|---|
| | 연락처 | | | | | |

문화체육관광부 소관 제2021-0007호

사단법인 훈민정음기념사업회

| 有 | 天 | 地 | 自 | 然 | 之 | 聲 | 則 | 必 | 有 | 天 |
|---|---|---|---|---|---|---|---|---|---|---|
| 地 | 自 | 然 | 之 | 文 | 所 | 以 | 古 | 人 | 因 | 聲 |
| 制 | 字 | 以 | 通 | 萬 | 物 | 之 | 情 | 以 | 載 | 三 |
| 才 | 之 | 道 | 而 | 後 | 世 | 不 | 能 | 易 | 也 | 然 |
| 四 | 方 | 風 | 土 | 區 | 別 | 聲 | 氣 | 亦 | 隨 | 而 |
| 異 | 焉 | 盖 | 外 | 國 | 之 | 語 | 有 | 其 | 聲 | 而 |
| 無 | 其 | 字 | 假 | 中 | 國 | 之 | 字 | 以 | 通 | 其 |

| 用 | 是 | 猶 | 枘 | 鑿 | 之 | 鉏 | 鋙 | 也 | 豈 | 能 |
|---|---|---|---|---|---|---|---|---|---|---|
| | | | | | | | | | | |

| 達 | 而 | 無 | 礙 | 乎 | 要 | 皆 | 各 | 隨 | 所 | 處 |
|---|---|---|---|---|---|---|---|---|---|---|
| | | | | | | | | | | |

| 而 | 安 | 不 | 可 | 强 | 之 | 使 | 同 | 也 | 吾 | 東 |
|---|---|---|---|---|---|---|---|---|---|---|
| | | | | | | | | | | |

| 方 | 禮 | 樂 | 文 | 章 | 侔 | 擬 | 華 | 夏 | 但 | 方 |
|---|---|---|---|---|---|---|---|---|---|---|
| | | | | | | | | | | |

| 言 | 俚 | 語 | 不 | 與 | 之 | 同 | 學 | 書 | 者 | 患 |
|---|---|---|---|---|---|---|---|---|---|---|
| | | | | | | | | | | |

| 其 | 旨 | 趣 | 之 | 難 | 曉 | 治 | 獄 | 者 | 病 | 其 |
|---|---|---|---|---|---|---|---|---|---|---|
| | | | | | | | | | | |

| 曲 | 折 | 之 | 難 | 通 | 昔 | 新 | 羅 | 薛 | 聰 | 始 |
|---|---|---|---|---|---|---|---|---|---|---|
| | | | | | | | | | | |

| 作 | 吏 | 讀 | 官 | 府 | 民 | 間 | 至 | 今 | 行 | 之 |
|---|---|---|---|---|---|---|---|---|---|---|
| 然 | 皆 | 假 | 字 | 而 | 用 | 或 | 澁 | 或 | 窒 | 非 |
| 但 | 鄙 | 陋 | 無 | 稽 | 而 | 已 | 至 | 於 | 言 | 語 |
| 之 | 間 | 則 | 不 | 能 | 達 | 其 | 萬 | 一 | 焉 | |
| 癸 | 亥 | 冬 | 我 | | 殿 | 下 | 創 | 制 | 正 | 音 |
| 二 | 十 | 八 | 字 | 略 | 揭 | 例 | 義 | 以 | 示 | 之 |
| 名 | 曰 | 訓 | 民 | 正 | 音 | 象 | 形 | 而 | 字 | 倣 |

古 篆 因 聲 而 音 叶 七 調 三 極

之 義 二 氣 之 妙 莫 不 該 括 以

二 十 八 字 而 轉 換 無 窮 簡 而

要 精 而 通 故 智 者 不 終 朝 而

會 愚 者 可 浹 旬 而 學 以 是 解

書 可 以 知 其 義 以 是 聽 訟 可

以 得 其 情 字 韻 則 清 濁 之 能

| 辨 | 樂 | 歌 | 則 | 律 | 呂 | 之 | 克 | 諧 | 無 | 所 |
|---|---|---|---|---|---|---|---|---|---|---|
| 用 | 而 | 不 | 備 | 無 | 所 | 往 | 而 | 不 | 達 | 雖 |
| 風 | 聲 | 鶴 | 唳 | 雞 | 鳴 | 狗 | 吠 | 皆 | 可 | 得 |
| 而 | 書 | 矣 | 遂 |  | 命 | 詳 | 加 | 解 | 釋 | 以 |
| 喩 | 諸 | 人 | 於 | 是 | 臣 | 與 | 集 | 賢 | 殿 | 應 |
| 教 | 臣 | 崔 | 恒 | 副 | 校 | 理 | 臣 | 朴 | 彭 | 年 |
| 臣 | 申 | 叔 | 舟 | 修 | 撰 | 臣 | 成 | 三 | 問 | 敦 |

| | | | | | | | | | | |
|---|---|---|---|---|---|---|---|---|---|---|
| 寧 | 府 | 注 | 簿 | 臣 | 姜 | 希 | 顔 | 行 | 集 | 賢 |
| 殿 | 副 | 修 | 撰 | 臣 | 李 | 塏 | 臣 | 李 | 善 | 老 |
| 等 | 謹 | 作 | 諸 | 解 | 及 | 例 | 以 | 敍 | 其 | 梗 |
| 槪 | 庶 | 使 | 觀 | 者 | 不 | 師 | 而 | 自 | 悟 | 若 |
| 其 | 淵 | 源 | 精 | 義 | 之 | 妙 | 則 | 非 | 臣 | 等 |
| 之 | 所 | 能 | 發 | 揮 | 也 | 恭 | 惟 | 我 | | 殿 |
| 下 | 天 | 縱 | 之 | 聖 | 制 | 度 | 施 | 爲 | 超 | 越 |

| 百 | 王 | 正 | 音 | 之 | 作 | 無 | 所 | 祖 | 述 | 而 |
|---|---|---|---|---|---|---|---|---|---|---|
| | | | | | | | | | | |
| 成 | 於 | 自 | 然 | 豈 | 以 | 其 | 至 | 理 | 之 | 無 |
| | | | | | | | | | | |
| 所 | 不 | 在 | 而 | 非 | 人 | 爲 | 之 | 私 | 也 | 夫 |
| | | | | | | | | | | |
| 東 | 方 | 有 | 國 | 不 | 爲 | 不 | 久 | 以 | 開 | 物 |
| | | | | | | | | | | |
| 成 | 務 | 之 | | 大 | 智 | 盖 | 有 | 待 | 於 | 今 |
| | | | | | | | | | | |
| 日 | 也 | 歟 | 正 | 統 | 十 | 一 | 年 | 九 | 月 | 上 |
| | | | | | | | | | | |
| 澣 | 資 | 憲 | 大 | 夫 | 禮 | 曹 | 判 | 書 | 集 | 賢 |
| | | | | | | | | | | |

| | | | | | | | | | | 世 |
|---|---|---|---|---|---|---|---|---|---|---|
| 殿 | 大 | 提 | 學 | 知 | 春 | 秋 | 館 | 事 | | |
| 子 | 右 | 賓 | 客 | 臣 | 鄭 | 麟 | 趾 | 拜 | 手 | 稽 |
| | | | | | | | | | | |
| 首 | 謹 | 書 | | | | | 訓 | 民 | 正 | 音 |
| | | | | | | | | | | |

| 응시자 | 성 명 | | | | |
|---|---|---|---|---|---|
| | 생년월일 | | | | |
| | 연 락 처 | | | | |

# 훈민정음 경필쓰기 검정 응시원서

※ 표시된 란은 기입하지 마세요.

| ※접수번호 | | ※접수일자 | 202 년 월 일 | |
|---|---|---|---|---|
| 성 명 | 국문) 한자) | | | 사진 (3×4) *사범과 특급 응시자는 반드시 첨부 |
| 생년월일 | 년 월 일 | 성별 | □ 남자  □ 여자 | |
| 연 락 처 | *반드시 연락 가능한 전화번호로 기재하세요 | | | |
| E-mail | | | | |
| 집 주 소 | | | | |
| 응시등급 | □ 사범  □ 특급  □ 1급  □ 2급  □ 3급 | | | |
| 소 속 | *초·중·고등부 참가자는 학교명과 학년반을 반드시 기록하고, 일반부는 대학명 또는 직업 기재 | | | |

위와 같이 사단법인 훈민정음기념사업회가 시행하는

제   회 훈민정음 경필쓰기 검정에 응시하고자 원서를 제출합니다.

20 년 월 일

응시자 :                    ㉘

**사단법인 훈민정음기념사업회** 귀중

---

# 훈민정음 경필쓰기 채점표

| 분야 | 심사항목 | 배정 점수 | 심사위원별 점수 | | | 총점 |
|---|---|---|---|---|---|---|
| | | | (1) | (2) | (3) | |
| 쓰기 | 필기규범 | 20 | | | | |
| | 오자유무 | 10 | | | | |
| 필획 | 필법의 정확성 | 20 | | | | |
| | 필획의 유연성 | 10 | | | | |
| 결구 | 균형 | 15 | | | | |
| | 조화 | 15 | | | | |
| 창의 | 서체의 창의성 | 20 | | | | |
| | 전체의 통일성 | 20 | | | | |
| | 총점 | 100 | | | | |

※ ①쓰기분야의 필기규범 항목은 사범급수에만 적용됨. ②각 급수 공히 오자 한 글자 당 10점 감점

| 확인 | 심사위원(1) | | 심사위원(2) | | 심사위원(3) | | 결과 |
|---|---|---|---|---|---|---|---|
| | 성명 | 날인 | 성명 | 날인 | 성명 | 날인 | |
| | | ㉘ | | ㉘ | | ㉘ | |

20 년 월 일

**사단법인 훈민정음기념사업회** 이사장

# 훈민정음 [해례본] 경필 쓰기 검정 응시 방법

『훈민정음 해례본 경필 쓰기』 검정용 지정 도서에 별책으로 제공되는
검정 응시용 원고 중에서

① 응시 희망 등급의 검정용 원고를 작성한 후

② 칼이나 가위로 반듯하게 잘라서(사범은 책 전체를 제출해야 함.)

③ 응시원서와 함께 제공되는 제출용 봉투에 넣고 풀칠을 하여

④ 봉투에 인쇄된 주소로 우편이나 택배로 접수하면 됨.

　　(반드시 응시자의 주소와 이름을 정확히 기재할 것)

| 응시등급 및 유형 | 검정범위 | 응시 해당 요건 |
| --- | --- | --- |
| 1급 | 훈민정음 해례본 중 어제 서문과 예의편 | 나이, 학력, 국적, 성별과는 무관하게 누구나 응시 가능 |
| 특급 | 훈민정음 해례본 중 정인지 서문 | |
| 사범 | 훈민정음 해례본 전체(100) + 실기(30) + 훈민정음 이론(20) | 특급 합격자에 한함 |

訓民正音